이끌든지
따르든지
비키든지

# 이끌든지
# 따르든지
# 비키든지

인정받는 사람들의 30가지 의사전달법

송미영 지음

살림

# 직장생활에서 '이따비'를 말하는 이유

직장생활에서 절반이 넘는 시간을 신입사원 교육에 쏟았던 인연으로 본의 아니게 많은 사람에게 조언과 격려를 해야 하는 책임과 의무를 지니게 되었다. 생각보다 많은 이가 길을 잃고 찾아오지만, 솔직히 나 자신도 헤매는 처지에 누군가에게 풋내 나는 조언을 해준다는 것이 지금도 부끄럽다.

## 직장생활, 왜 차이가 날까

수많은 질문 중 답답한 현재와 아득한 미래를 연결하는 질문은 나를 더 고민에 빠지게 만든다. 그러나 '힘내라, 버티면 된다!', '희망은 있다!' 등 그럴싸한 말만으로 희망고문을 하고 싶지는 않다. 그래서 나의 지난 10년을 흔들어보았다.

정말 하루하루 살아남기에 급급하며 살았다. 나는 무엇을 하는 사람인지, 왜 이 회사에서 이 직함을 가져야 하는지에 대해 고민했지만 그 답을 찾지 못한 채 주어진 일을 바쁘게 처리하다가 신입사원에서 선임이 되고, 승진을 하고, 결혼을 해서 부모가 되었다.

어린 시절부터 회사원을 꿈꾸는 사람은 드물다. 각자 다른 꿈을 꾸며 살다가 사회와 점점 가까워질수록 식상을 일터로 받아들이게 된다. 조직의 일부분으로 산다는 것에 대한 충분한 고민과 지식 없이 업무에 던져지고, 회사는 지식과 학점으로 통하는 세상이 아니라는 사실을 입사하고 나서도 한참 뒤에 깨닫게 된다. 사람에 따라 새로운 환경에 빨리 적응하기도 하고 꽤 오랜 시간을 방황하기도 한다.

최근까지 선발된 신입사원을 교육하고 성장시키는 과정에서 수만 명의 성장통을 지켜보았다. 그리고 이들을 조직에 가장 빠르고 안전하게 정착시키는 연결고리를 찾기 위해 노력해왔다. 일정한 선발 조건과 기준을 거친 인재들이므로 출발선에 선 그들은 모두 스펙 좋고 똑똑한 인재들이다. 그런데 왜 누구는 빨리 인정받고, 누구는 뒤처지는 것일까?

그 차이는 작다 못해 아주 사소한 것일 수도 있다.


## 이끌든지 따르든지 비키든지

나는 그 차이에 대한 해답을 어떤 문장 하나에서 얻었다. 바로 이 책의 제목인 '이끌든지 따르든지 비키든지'이다. 이 말은 CNN 창립 자 테드 터너가 자신이 살아온 도전의 삶을 표현한 것이다. 우연의 일치인가? 이 문장 안에 직장생활의 모든 것이 들어 있다. 직장생활 에서 성공하기 위해서는 네 사람의 역할이 중요하다. 바로 상사, 부 하, 동료 그리고 가장 중요한 나 자신이다. 당연한 이야기 아닌가? 그 렇다. 뻔한 이야기 같지만 변하지 않기 때문에 반드시 풀어야 할 진 리이기도 하다. 그래서 많은 사람이 오랫동안 그들과의 관계를 말해 오고 있다.

그러나 정말 관계만 좋게 유지하면 모든 것이 해결될까? 나의 모 든 경험에 비추어보아도 그건 확실히 아니다. 네 사람이 함께 성공하 기 위해서는 '관계' 그 이상의 '스킬(skill)'이 필요하다. 나는 이것을 '전달력'이라고 표현하고 싶다. 본래 '조직 내 커뮤니케이션'이나 '소 통'으로 불려왔던 전달력은 단순한 의사소통 그 이상의 의미를 지닌 다. 전달이 다루는 범위나 방향이 크기 때문이다. 작게는 인사나 이

메일 보내기, 회의 기법, 프레젠테이션부터 보고하기, 동료나 외부에 협조를 구하는 일 등 그 역할과 중요성을 다 나열하기 어려울 정도로 직장생활의 전반을 차지하고 있다.

## 직장인, 전달의 기수

'전달'은 간단히 말하면 주고받는 일, 즉 직장인이 하는 '모든 일'을 말한다. 나의 생각이나 마음, 내가 한 일을 상대방에게 100% 전달하는 것은 매우 어렵다. 어쩌면 불가능한 일일 수도 있다. 사람이 자기 생각을 말로 표현하는 능력이 70%, 그걸 누군가가 이해하는 능력이 70%, 결론적으로 전달되는 긴 49%밖에 되지 않는다고 한다. 그만큼 전달은 말하는 사람의 의도가 50%도 전달되지 않는 아주 어려운 일이다.

그렇다고 포기해야 할까? 어려운 만큼 제대로 한다면 성공할 수 있는 것 아닌가? 전달을 잘하는 사람이 '잘나가는' 사람이 될 수 있다는 가능성을 조심스럽게 제시해본다. 혹시나 전달을 말솜씨라고 오해하는 사람이 많을 것 같아 이야기하지만 전달에는 타고난 '입담'이나 마성과 같은 매력이 필요한 것은 아니다. 대상과 상황에 맞는 전달 노하우가 무엇인지 알고 강점으로 키워나갈 수 있다면 누구나 핵심 인재, 즉 '전달의 기수'가 될 수 있다.

## 전달의 3가지 스킬

첫 출근이 주는 짜릿함이나 가슴 벅차오르는 뿌듯함이 익숙하다 못해 지루한 출근 시간, 답답해서 뛰쳐나가고 싶은 사무실, 누구를 위해 종을 울리는지 모르고 종만 치고 있는 모습으로 바뀌는 것은 순식간이다. 도대체 무슨 일이 일어났을까? 내가 익숙하지 않은 세상, 회사라는 곳과 부딪히며 마음만 아파하고 있어야 하는가? 이는 결코 나 혼자만의 문제가 아니다. 그래서 내가 경험한 많은 시행착오와 깨달음이 누군가에게 길잡이가 될 수 있다는 생각에서 이 책이 탄생하게 되었다.

전달의 접점에 있는 자들을 어떻게 다루어야 하는지를 지극히 사실적으로 말하고 싶었다. 그래서 지금 이 시간에도 열심히 싸우고 있는 후배, 동료, 상사를 위해 1부: 이끄는 자를 활용하는 법(상사), 2부: 나를 진심으로 따르는 자를 만드는 법(후배), 3부: 직장생활을 방해하는 경쟁, 스트레스, 실수를 현명하게 비키는 방법(동료, 나)을 각각의 케이스에 담아 전달하고자 한다.

모든 것을 완벽하게 잘하는 사람은 없다. 다시 말해 완벽한 사람은 없다. 그러나 '전달'만 제대로 해도 보통 수준 이상의 직장생활을 할 수 있다면 한번 도전해볼 만하지 않은가. 지금 알고 있는 것을 그때 알았더라면 얼마나 좋을까.

2015년 5월 송미영

# PART 1

# 이끄는 자를 활용하는 상사 관리법

직장인이 되면서 처음으로 만나게 되는 새로운 인간형, 상사.
내가 느끼는 각종 어려움과 슬픔을 만드는 주요 원인 유발재!
그러나 그들과 가까워지고 그들의 힘을 이용할 수만 있다면
직장생활은 해볼 만한 게임이 된다.

# CHAPTER 1
# 상사 대처법

☑ 첫 상사, 어떻게 넘어설 것인가?

☑ 상사는 나를 좋아하는가?

☑ 상사, 어디까지 활용할 것인가?

☑ 마음을 나누고 있는가?

# 첫 상사, 어떻게
# 넘어설 것인가?

"가장 개인적인 것이 가장 보편적인 것이다."
– 칼 로저스, 미국 심리학자

　지나간 사랑을 잠시 떠올려보자. 지금은 웃으며 말할 수 있는 아무것도 아닌 일이 그땐 왜 그렇게 용서가 안 되었던가? 평생을 함께할 것 같았던 그 연인들…. 지금은 옆에 없는 그들과 비슷한 운명을 가진 사람들이 있다. 바로 나의 옛 상사들이다.

　강산이 변하는 지난 시간 동안 나에겐 어떤 상사들이 있었던가. 손가락을 꼽으며 한 명씩 떠올려본다. 잠시 망각의 숲으로 사라졌던 나의 첫 상사에 관한 기억이 조용히 떠오른다.

## 처음 보는 놈, 이상한 놈, 안 맞는 놈

상사에 대해 좋은 말을 하는 사람이 과연 몇 명이나 될까? 있지만 드물다. 상사들은 대개 이런 '놈' 중 하나다. 처음 보는 놈, 이상한 놈, 안 맞는 놈. 나의 첫 상사도 그러했다. 태어나서 처음 보는 종류의 사람이었고, 그가 하는 말은 무슨 말인지 전혀 이해도 안 되었으며, 나와는 너무도 맞지 않는 사람이었다. 첫 만남부터 아주 이상했다.

"안녕하세요. 저는 ○○기 신입사원 송사원입니다."

"어, 자넨가? 음…. (위아래로 훑어본다.) 내일은 거래선과 중요한 미팅이 있으니 예쁜 정장을 입고 오세요!"

'예쁜 정장을 입어라.' 이것이 나에게 전달된 첫 번째 업무였다. 그 한마디 외에 출근 첫날 내가 한 일은 전화 당겨 받기와 점심 장소 고르기 정도였다. 다음 날 아침, 나는 내가 가지고 있는 옷 중에서 가장 좋은 옷을 골라서 입고 나왔다. 그러나 나에게 돌아온 건 상사의 고함 소리였다.

"송사원, 이리 와보세요! 그게 정장인가요? 내가 정장 입으라고 했죠!"

"네, 정장인데요."

"아니, 그게 무슨 정장입니까? 바지가 여자 정장인가요? 치마를 입었어야죠!"

"네? 바지도 여자 정장 맞는데요!"

"내가 조선시대 복식 연구가에게 물어볼까요? 내가 송사원이라면 검은 투피스에 진주 목걸이를 했겠어요!"

"전 투피스와 진주 목걸이 없습니다."

"아, 뭐야! 신입이 말대꾸를 해! @#@$#%$^%^&*(!"

"……."

내 얼굴은 벌겋게 상기되었고, 머릿속과 가슴은 화산 폭발 직전이었다. 아니, 이게 무슨 경우란 말인가? 치마를 안 입었다고 혼나다니…. 상사의 머릿속에서 여자의 정장은 '치마'가 기본이었고, 내가 갖고 있던 상식에서 정장은 '회사에서 입는 점잖은 옷'이면 되었다. 우리 둘 사이에 이런 개념 차이가 있었던 것이다. 이 웃지도 울지도 못할 해프닝을 시작으로 꺼면 먹구름이 잔뜩 낀 회사생활 날씨를 예고했다.


## 영원한 건 없다

그 사건 이후 나에게만 아니라 모든 사람에게 소리치는 상사의 모습을 발견할 수 있었다. 자기 생각이 곧 법인 '권력 중독자'라는 것을 확인하게 된 것이다. 이런 상사에게 부하는 자신이 하라는 대로 해야 하는 사람이다. 부하가 스스로 판단하고 행동하면 큰일 난다.

하루하루가 숨이 막히도록 답답했다. 아침에 출근 버스 타기가 싫

이끌든지 따르든지 비키든지

어지고 회사로 향하는 발걸음을 떼기가 힘들었다. 그가 쏟아낼 각종 질타들을 생각하니 앞이 깜깜했다. 이대로는 죽을지도 모른다는 생각까지 들었다. 일 년 먼저 그를 겪은 옆 자리 선배에게 조심스레 물었다.

"선배님, 괜찮으세요? 어떻게 일 년을 버티셨어요?"

그때 그의 입에서 나온 한마디가 내 머릿속을 아주 깨끗하게 해주었다. 참고로 선배는 그 상사의 저주로 생일에 여자 친구를 바람맞히고 이별한 상태였다.

"조금만 참아. 세상에 영원한 건 없어. 곧 헤어지게 돼 있어."

아, 그때 머릿속에 들려오던 청명한 종소리! 왜 그 생각을 못했을까. 선배의 예언은 곧 현실이 되었다. 영원할 것 같던 그 상사는 그해 말에 부서를 떠났다.


## 첫 상사와의 이별 후

그렇게 첫 상사와의 연애는 6개월 만에 끝이 났다. 첫 상사와 이별후, 나는 더 이상 예전의 내가 아니었다. 풋내 나는 대학생에서 영업사원의 모습으로 변해 있었다. 매일 당하고만 있는 내 모습이 싫어서 뭐라도 한 그 순간에 변화는 시작되었다. 눈물을 흘리기보다 되도록 이면 내 감정을 표정에 드러내지 않으려고 노력했다. 상사가 나에게 마구 질타를 퍼부어도 속으로는 '저 말은 내 뱃속으로 들어오지 않는다.'라고 의도적으로 생각했다. 그리하다 보니 어떤 상황에서도 포커페이스를 유지할 수 있게 되었다.

각종 비유적 '갈굼'을 상대하다 보니 웬만한 충격에는 흔들리지 않는 강심장을 갖게 되었고, 세상의 중심인 상사의 비위를 맞추려다 보니 점쟁이 수준의 센스도 갖게 되었다. 트집 잡히지 않으려고 만일의 상황과 그 뒤, 또 그 뒤의 뒤까지 준비하다 보니 취약하던 치밀함마저 길러졌다.

나의 지인들은 나에게 직장인 스타일이 아니라고 말하곤 했었다. 목소리 크게 내는 것을 좋아하고, 남한테 아쉬운 소리 하는 건 죽기보다 싫어하는 성격이어서 직장인에 적합하지 않다며 걱정을 했었다. 독야청청 공부나 더 하라고 그랬다. 그건 정말이지 기우였다. 태어날 때부터 영업 유전자를 타고났냐는 의심을 받을 정도로 나는 '영업사원'에 적임자였다.


## 상사 넘어서기

신입 시절을 함께한 선배들을 만나는 자리가 생기면 대개 첫 상사 이야기로 대화를 시작한다. 이제 그와의 연애는 잊고 싶은 기억이 아닌, 향기가 나는 추억이 되었다. 그런데 동화처럼 모든 상사와의 연애가 해피엔딩일까? 우리를 힘들게 하지만 성장하게 하는가? 이 악물고 버티면 되는 건가? 현실은 동화와 다르다. 성장이라는 열매를 얻는 데는 조건이 하나 따라붙는다. 바로 '내가 그를 넘어섰을 때'다.

학생에서 회사원이라는 세계로 이행할 때 처음 만나는 상사는 '회사의 모든 것'이다. 그들이 나를 도와주는 길잡이가 될 거라는 환상은 애초부터 갖지 않는 것이 좋다. 그 환상이 깨질 때 아주 많이 아프기 때문이다. 가끔 드물게 운명의 상사를 만나는 분들은 '행운아'이지만 말이다.

그들이 시련을 주는 구조적인 이유는 간단하다. 내가 회사를 선택했다고 생각하지만, 사실은 회사가 나를 필요로 했다. 상사는 내가 성장하는 것을 고려하기보다 나를 어떻게 활용할 것인가에 더 관심이 많은 것이 현실이다. 나를 활용하는 일이 기대되기 시작할 때 비로소 성장을 위한 비료를 주는 것이 조직이다.

'나'라는 사람의 가능성을 증명하기 위해서는 많은 테스트를 거쳐야 하고 그 일들은 평생 해보지 못한 새로운 일들이니 힘든 것은 당연하다. 거기에다 그 일을 안겨주는 역할이 상사들이다 보니 첫 상사의 역할에는 '악인'이 포함되어 있을 수밖에 없다. '줄타기'를 현명하게 하는 선배를 만나면 행복하지만 그렇지 않다고 해도 실망은 하지 말자. 상사들이 주는 이상야릇한 과제들은 가장 열정적인 시기를 더 뜨겁게 살게 해주고, 그를 넘어섰을 땐 '성장'이란 열매를 수확하게 해주기 때문이다.


## 어떻게 넘어설 것인가

넘어서라는 말을 물리적으로 받아들이지 않길 바란다. 상사와 싸우거나 넘어뜨려야 하는 적으로 삼으라는 말이 아니다. 상사는 적이 되면 될수록 오히려 넘을 수 없는 존재가 되는 특성을 지니고 있다. 여기서 넘어서야 하는 대상은 상사를 말하는 것이 아니다. 상사를 이해하는 나의 능력, 업무를 받아들이는 나의 한계 따위를 벗어나야 한다는 의미다. 그러려면 몇 가지 법칙을 이해하고 넘어갈 필요가 있다. 기본적인 상사와의 관계를 이해하는 순간 넘어설 수 있는 힘이 나에게 생긴다.


### '돌아이' 보존의 법칙

조직생활엔 여러 법칙이 존재하는데, 그중에서도 인터넷에서 많은 사람이 공감한 것이 '돌아이 질량 보존의 법칙'이다. 어느 조직에나 '돌아이'가 존재하며 그 조직을 떠나 새로운 곳에 간다고 해도 다른 '돌아이'가 기다리고 있다. 그래서 한 명을 넘어섰다고 해서 끝나는 게임이 아니다. 그러니 지금 내 눈앞의 그가 최악일 것이라는 생각에서 벗어나야 한다.

하루의 절반이 넘는 시간을 직장에서 보내는데, 그 시간 중에서 반 이상을 그 '돌아이'를 원망하고 미워하는 데 쓴다면 얼마나 아까운 가? 그저 자연스러운 현상으로 받아들이고, 피하기보다는 그의 '똘 기'가 더 이상 나오지 않도록 선제하는 방법을 연구하라고 권해주고 싶다.

### 상담 무용의 법칙

일이 내 마음대로 되지 않고 사람 때문에 속상할 때는 '수다'가 즉 효다. 마음 맞는 동료를 만나 사자후를 토하거나 멘토로 여기는 선배 직장인을 만나 열심히 고민을 토로하다 보면 순간에 시원함을 느낀 다. 거기에 술의 힘을 빌려 한두 잔 하다 보면 매일 술을 마시는 상황 이 되기도 한다. 그렇게 해서 무엇이 달라졌는가? 말을 내뱉는 순간 에는 마음이 후련해지지만 상담을 하고 난 후 알맞은 처방을 받지는 못한다.

나쁜 상사 이야기를 하다 보면 서로 자기 상사가 더 심하다며 핏 대를 세우고 있는 모습을 발견할 수 있다. 자신의 상황이 더 드라마 틱하고 억울하다는 것만 강조하다가, 결국에는 '어쨌든 네 상사보다 내 상사가 더 심하다.'로 끝난다. 그래서 상사에 대한 상담은 소용이 없다. '수다'나 '상담'은 위로로만 활용하고, 근본적인 방안을 고민하 고 찾아보는 데에 더 투자해야 하는 이유다.

## 맷집 무한의 법칙

최근에 발견한 법칙이 있다. 바로 '맷집 무한의 법칙'이다. 직장 선배 몇 명과 대화를 나누고 있었다. 그날의 주제는 직장인의 맷집에 관한 것이었다. 각자가 만난 최악의 상사를 이야기하며 그들 덕분에 누구라도 견딜 수 있는 맷집이 키워졌다는 이야기. 일 년이라도 빨리 나쁜 상사를 만나면 그 사람에 대한 맷집이 생겨서 오히려 직장생활 하기 편하다는 의견이 공감대를 형성할 때쯤, 조용히 듣고 있던 한 고참 선배가 입을 열었다.

"꼭 그렇지는 않아. 상사들의 주 무기가 다 달라. A라는 상사는 늘 내 옆구리만 찔렀지. 그래서 난 옆구리 맷집은 끝내주거든! 그런데 그다음에 만난 상사의 주특기는 정강이를 차는 거야! 난 무방비 상태로 당하고 말았어!"

그곳에 있던 모두가 아무 대꾸도 하지 못하고 고개만 미친 듯이 끄덕였다. 그렇다. 과거에 만난 상사 스타일로만 무기를 만들어놓으면 늘 당할 수밖에 없다. 지금 상사는 과거의 상사와는 '다른' 사람이기에 그에 맞는 방법을 강구할 필요가 있다.

직장생활을 20년쯤 하면 산전수전에 공중전까지 다 겪어서 360도 전 방위적으로 수비가 가능할지 모르겠지만 우린 기다릴 시간이 없다. 하루라도 빨리 코드를 맞추는 일이 완성되어야 내 생각과 일을 편하게 전달할 수 있다.

어떤 일이든 시작은 쉽지 않다. 오죽하면 시작이 반이란 말이 있겠는가. 그런 의미에서 첫 상사가 가지는 의미는 크다. '어떤 사람을 만났는가?'도 중요하지만 '내가 그를 어떻게 넘어섰는가?'가 나의 다음 걸음을 결정지어줄 것이다. 그를 넘어 나를 성장시킨 경험이 있다면 어떤 스타일의 상사를 만나도 겁나지 않겠지만, 처음에 멈칫하면 그 다음은 더 힘들어진다. 그래서 힘들더라도 초반에 총력을 기울여 나만의 '비법'을 만들기를 권하고 싶다.

회사는 나의 과거나 현재가 아닌 미래를 보고 선택했다. 그러니 초반에 겪는 시련 때문에 본인을 부정할 필요는 없다고 본다. 지금까지 잘 살아왔기 때문에 그 자리에 있는 것이고, 앞으로 어떻게 살 것인지를 보여주는 것이 이 게임의 시작이다.

**전달 포인트 01**

☑ 세상에 영원한 상사는 없고, 같은 상사도 없다.

☑ 나에게 맞는 사람을 만날 확률은 0%라고 생각하라.

☑ 대부분의 상사가 존경할 만한 인물은 아니다. 그러나 살면서 한 번은 만난다.

# 상사는
# 나를 좋아하는가?

"사랑받고 싶다면 사랑하고 사랑스럽게 행동하라."

– 벤저민 프랭클린, 미국 정치가 · 과학자

한 사람이 일 잘하기 분야에서 상위 랭킹에 들기 위해서는 특별한 '힘'이 필요하다. 그 힘을 스스로 만들기도 하지만 '신입'에게는 좀 힘든 이야기가 된다. 규모가 크거나 오래된 조직일수록 그 힘을 만드는 쪽이 아래보다는 위에 많다. 그래서 영향력을 잘 활용할 줄 알아야 한다.

조직 안에도 사랑하는 연인과 비슷한 관계들이 존재한다. 이성 사이에 존재하는 애틋함이 아닌 '일로 맺어진 사랑'이라고 할까? 상사가 늘 옆에 두고 싶어하고, 일이 생기면 제일 먼저 생각나는 사람들이 있다. 그리고 우리는 그들을 다양한 이름으로 부른다. '왕의 ○○', '가방 모찌', '대서방', '책사', '절친' 등.

• 왕의 ○○

옆에 없으면 불안해지는 부하를 뜻하며, 상사가 모르는 모든 것(업무, 일정 등)을 알고 있어서 외부 회의나 상위 부서 보고 시에 꼭 대동하게 되는 분신 같은 존재

• 가방 모찌(かばんもち)

일본어에서 온 단어로, 상사의 가방을 들고 따라다니며 시중을 든다는 의미. 주로 회의 발표 자료, 외부 강연 자료를 만들고 준비

• 대서방(代書房)

대신 글을 써주는 사람이란 의미로, 상사의 보고서를 대신 쓰거나 평소 상사의 생각을 잘 정리했다가 글로 표현하는 능력이 탁월

• 책사(策士)

전략, 아이디어를 주로 내는 사람으로, 상사의 '머리'를 깨우치는 역할을 하며, 일이 잘되도록 상사를 보좌하는 스마트함 겸비

• 절친(절친한 친구의 줄임말)

업무는 물론 사적인 자리에도 늘 함께하는 사람을 말하며, 상사의 마음을 잘 헤아리고 대화가 통하는 친구 같은 존재

그동안 목격한 '상사가 좋아하는 사람'들을 지켜보며 조금 다른 생각을 하기 시작했다. 그리고 그 다른 이야기를 꺼내보려고 한다. 먼저 이런 무리들의 탄생에 주목할 필요가 있다. 선택의 주도권은 늘 상사가 가지고 있다. 일을 줄 때 자기가 좋아하는 사람을 먼저 찾기 때문이다. 리더는 그렇게 하지 말아야 하는 사람이라고 책에서 읽었지만, 우리가 사는 세계는 이성보다 감성이 앞서는 세계요, 어쩔 수 없이 맞게 되는 현실이다. 아무리 맛있는 진수성찬을 받아도 좋아하는 김치 하나면 만족하게 되는 그런 이치다. 말하기 부담 없고 내가 준 일을 가장 내 입맛에 맞게 요리하는 방법을 아는 사람을 먼저, 그리고 자주 찾게 되는 것이다. 만약 당신이 그와 같은 별명을 가지고 있다면 일단 상사에게 인정을 받고 있는 사람이다.

## 왜 전달에서 상사의 연인을 이야기하는가?

사실은 안타까운 마음에서 이 단어를 꺼냈다. 조직생활을 이야기하는 신문 기사나 책을 보면 주로 부하가 좋아하는 상사 이야기를 다루고 있다. 그러나 상사도 좋아하는 부하가 있지 않을까? 더 주고 싶고, 주로 주고 싶고, 잘 주고 싶은 그런 상대 말이다.

상사든 부하든 그들의 궁극적인 목적은 일을 제대로 하는 것이다. 그렇다면 짝사랑이 아니라 서로가 서로에게 좋은 연인이 되어야 한

다. 그런 의미에서 상사의 연인이 되는 의미와 방법을 이어나가려고
한다.


## 상사와 좋은 친구가 되는 가장 빠른 길

꼭 상사의 연인이 되어야 하는 것일까? 우리가 가진 흔한 고정관
념에서 시작해볼까? 상사의 연인이 되기 위해서는 아부를 잘해야 하
고, 재미있어야 하고 등, 뭔지 모르지만 일하고는 상관없을 것 같은
생각이 든다. 또는 난 그런 스타일이 아니고 내 적성에 안 맞는다며
처음부터 포기해버린다. 그러나 지레 포기해버리는 그 순간, 나의 조
직생활은 오지여행으로 바뀐다는 걸 명심하자.

일을 주는 사람도 나를 좋아해야 내가 편해진다는 아주 기본적인
조건을 기억했으면 좋겠다. 쉬운 길이 있는데 굳이 꼭 어려운 길을
선택하는 오지여행자가 될 필요가 있는가? 안 그래도 인생은 복잡하
고 할 일이 많은데 굳이 일까지 '일'처럼 재미없어지는 건 매우 슬픈
일이다.

영국의 한 신문사에서 재미있는 공모를 했다. '맨체스터에서 런던
까지 가는 가장 빠른 방법(The shortest way to London)은 무엇인가?' 상
사의 연인이 되는 가장 빠른 방법을 이 공모전 사례를 소개하는 것
으로 대신하고 싶다.

이 엉뚱한 공모전에 수많은 사람이 줄지어 응모했다. 열기구를 타고 가면 된다, 지도상에서 지름길을 측정하여 그 길로 간다 등 자신들의 지식을 총동원한 다양한 아이디어가 쏟아졌다고 한다. 영예의 1위를 차지한 답변은 의외의 것이었는데, 많은 사람이 그 의견에 공감할 수밖에 없었다. 그 답변은 바로 '좋은 친구와 함께 가는 것'이었다.

상사와도 좋은 친구가 되는 것이 가장 빠른 방법이다. 어린 시절에 낯선 아이와 친구가 되는 방법은 진심으로 노는 걸 즐기면 되었다. 마찬가지로 회사에서 상사와 친구가 되는 방법도 진심으로 그와 일하는 걸 즐기면 된다. 언제부터인가 친구 만드는 방법을 잊어버렸다면 다시 친구 만들기에 도전해보자.


## 함께 일하고 싶은 마음 전달하기

친구를 만들 때 '너 나랑 친구 할래?'라고 초대장을 보내는 사람이 있을까? 그런 사람은 아마도 없을 것이다. SNS에서는 이웃 신청을 하거나 친구 신청하는 메시지를 보내지만 현실에서는 진심을 보여줘야 한다. 진정 너랑 놀고 싶다는 마음!

상사와 친구가 되고자 할 땐 당신과 진심으로 함께 일하고 싶다는 마음을 전달해야 한다. 그런 마음을 전달하는 순간, 그 기회가 한 번은 온다. 나에겐 '출장'이 그런 기회였다. 나의 첫 번째 절친 부장님을 떠올려본다. 입사한 지 일 년이 채 안 된 신입사원 시절에 높디높은 부장님과 단둘이 거래선 바이어 여섯 명을 데리고 유럽으로 출장을 가게 되었다. 처음부터 난항이 예고된 출장이었다. 전체 인원 일곱 명 중에서 나 혼자 여자였다. 이십 대도, 신입사원도 나 혼자였다. 나는 도대체 무엇을 할 수 있단 말인가? 유럽은 더 이상 나에게 로맨틱한 장소가 아니었다.

출장 기간 동안 내가 한 역할을 생각해보니 '1인 10역' 정도는 한 것 같다. 통역, 심부름꾼, 호텔 직원, 여행사 직원, 말동무, 사진사 등 그때그때마다 달라졌다. 문제는 같이 간 사십 대 남자 여섯 명은 입맛도, 취향도 모두 가지각색이라는 점이었다. 소시지의 나라 독일에서 자장면을 먹고 싶다던 배달의 민족, 깊은 밤 파리에서 고흐의 그림이 아닌 맥도날드 프렌치프라이를 외치던 사람, 사모님 명품 백을 꼭 사야 하는 애처가, '물랭루주' 공연 정도는 당일에 바로 표를 구할 수 있지 않냐고 묻던 사람까지….

상황이 이렇다 보니 정신 줄을 놓았다간 집에 돌아가지 못할 판이었다. 그래서 생각 끝에 수비보다는 공격을 선택했다. 출장 일정의 중반쯤 되었을까? 어느새 나는 여행사 직원으로 완벽에 가깝게 변신했다. 사사건건 이렇게 저렇게 하라고 일을 시키던 부장님도 어느 순간부터는 내가 하는 대로 그냥 따르기 시작했다. 그러자 내 마음도 조금씩 편해지고 생각도 바뀌기 시작했다. 같이 온 사람들이 업무적인 관계가 아니라 친한 삼촌들처럼 느껴졌다. 서서히 출장이 '일'이 아닌 '재미'가 되어갔다.

유럽에 처음 온 사십 대 남자들에게 새로운 건 무엇일까, 안 먹어본 건 무엇일까 고민해보았다. 파리지엥처럼 샹젤리제 거리에서 에스프레소도 맛보게 하고(물론 작은 게 비싸다고 구박하며 물을 더 많이 드셨지만), 젊은 사람들이 가는 클럽도 구경하게 하고, 관광지에서 사진찍는 모델놀이도 했다. 재미있어하는 그들의 모습에 나도 알싸한 성취감을 맛보았다.

출장이 끝나갈 즈음에는 거의 내 마음대로 일정 안에서 놀고 있었다. 함께 간 부장님은 상사가 아니라 여행지의 동반자가 되어 있었다. 출장에서 돌아오고 나서는 일 말고도 공유하는 '거리'가 생겼고, 조금은 편한 사이가 되었다는 것을 느꼈다. 그리고 부장님의 한마디, "쟤는 일을 참 재미있게 해!" 그 뒤로 많은 일을 하면서 부장님과 재미있게 놀았다.

결국 상사의 연인이 되는 시작은 상대방의 결핍을 확인하고 '공감'의 순간을 나누는 것이다. 그러고 나면 무엇을 하든 오케이 사인을 받을 확률이 높아진다.

이끌든지 따르든지 비키든지

## 경험을 통한 소통

과학적으로도 언어적 소통에는 한계가 있다고 주장하는 학자들이 많다. 얼마 전 과학자 김대식 교수의 인터뷰 기사를 아주 흥미롭게 보았다.

> 우리 눈에 보이는 세상은 뇌가 계산해낸 결과물이란 것이다. 개는 컬러를 못 보기 때문에 흑백으로 세상을 본다. 박쥐는 세상을 초음파로 본다. 초음파로 보는 세상을 인간은 상상할 수 없다. 그럼 인간들 간의 소통은 가능할까? 우리는 뇌가 다르고 유전자도 다르고 경험도 다른데. 이런 의문을 가질 수 있다. 우리는 사과를 보고 '빨갛다.'라고 말하지만 문제는 언어의 해상도가 생각의 해상도보다 더 낮다. 그래서 언어로는 빨갛다고 표현할 수밖에 없다. 결국 '빨간 사과'라는 말로 표현하고 서로 이해했다고 착각하는 것이다.
>
> (문화일보 2014년 7월 25일자 인터뷰)

즉 언어적 소통보다 동일한 경험을 통해 소통하는 것이 더 효과적이라는 말이다. 일을 시키는 건 참 부담스러운 일이다. '왜? 그냥 시키면 되지.'라고 무책임하게 말할 수 있는 사람은 극히 소수에 불과하다. 시키는 사람은 대부분 그 부담을 덜기 위해 자기와 친한 사람, 편한 사람, 믿을 만한 사람을 찾고 있다.

일을 시킨다는 건 누군가에게 고백하는 것과 같다. 일과 함께 자신의 마음도 전달하기 때문이다. 따라서 상사의 고백을 자주 받는 사람이 된다는 것은 내가 그만큼 실력 있는 사람이라는 의미가 된다. 상사의 연인이 되는 방법은 일을 함께 즐기는 것이다. 상사들은 지금 일을 즐기고 재미있게 만드는 친구를 찾고 있다.

전달 포인트 02

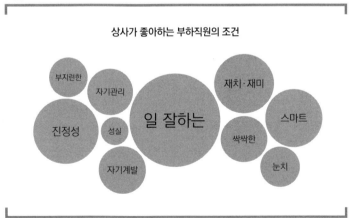

상사가 좋아하는 부하직원의 조건

이끌든지 따르든지 비키든지

# 상사, 어디까지 활용할 것인가?

"세상은 자기를 위해 위험을 무릅쓴 사람에게 보답을 해준다."

– 삭티 거웨인, 자기계발 전문가

최근 직장생활의 애환을 진솔하게 그린 '미생'이라는 드라마가 인기였다. 누구나 공감할 수 있는 직장인들의 슬픔을 담담하게 묘사해 내 큰 화제를 일으켰다. 드라마 속 부장은 어쩌면 그리도 나의 부장과 닮아 있는지…. 등장하는 신입사원, 대리, 과장 모두 그대로 과거, 현재, 미래의 '내 모습' 같았다.

드라마 하나 때문에 대한민국의 수많은 직장인이 울고 웃기를 함께했다. 어떤 부분이 그토록 공감을 이끌어낸 것일까? 어쩌면 우린 똑같은 신드롬을 겪고 있는지도 모른다. 즉 직장에서 마주하는 최악의 순간들이 나 혼자만의 문제는 아니란 것이다. 이 사실 하나만으로도 위안은 된다.

## 우리가 만난 최악의 상사들

책을 쓰기 시작하면서 가능한 한 내 이야기가 아닌 '우리'가 공감하는 지점을 찾고 싶었다. 나만의 이야기를 읊조리는 건 자조 섞인 푸념 수준일 것 같아서다. 그래서 우리가 '최악'이라고 이야기하는 상사들에 대해 조금 더 파보기로 했다. 지금부터 소개하는 최악의 상사 유형은 20~40대 직장인 남녀를 대상으로 실시한 설문 결과를 토대로 작성된 것(2014년 6월 SNS 설문조사)이다.

직장인 200명에게 '내가 만난 최악의 상사' 유형을 물었다.

"내가 만난 최악의 상사는 어떤 모습이었나요? 자세히 묘사해주세요."

그 결과 많이 언급되는 같은 영역들이 보였고, 유형별로 브랜드를 붙여보았다. 다른 직업, 다양한 조직에서 일하는 사람들이었지만 '직장인'이라는 공통점으로 교집합이 있다는 점이 신기했다. 그리고 역시 상사라는 위치 때문인지, 그 위치에서 보이는 '사람'의 모습이 비슷비슷한 최악의 개념을 만들어냈다. 1위부터 5위까지 최악의 상사 유형을 소개한다.

## • 1위 권위파

'권위의식'은 우리 사회가 가진 문제일지 모른다. 유교의 영향일까? 최악의 상사 유형 중 가장 큰 비중을 차지한 사람들은 바로 권위를 사랑하는 상사들이었다. 그들의 특징은 부하직원들과 마음도, 업무도 잘 안 통하고 자기 생각만 옳다고 믿고 결정한다는 점이다. '인내'라는 단어에 익숙하지 않으며, 사무실을 공포 분위기로 몰아넣는 데 일인자들이다. 주로 말이 짧고, 대화보다는 지시에 익숙하다. 이런 사람들은 자신보다 어린 사람에게는 무조건 말을 놓기 때문에 손쉽게 알아차릴 수 있다.

- 입버릇: "생각하지 마!", "그냥 해!", "내 말대로 해!"


## • 2위 정치파

두 번째로 많은 표를 받은 유형은 본인의 승진과 안위만 신경 쓰는 상사들이었다. 그들은 해바라기와 비슷한 삶을 산다. 윗사람바라기만 할 뿐 아래에는 그늘이 지거나 말거나, 그늘에서 이끼가 자라거나 말거나 큰 관심이 없다. 타고난 아부꾼, 부하의 성과를 가로채는 얌체가 많다. 권리는 취하지만, 책임은 지지 않는다. 목표한 바를 이루기 위해 부하들 사이를 이간질시키는 일도 서슴지 않는다.

- 입버릇: "그 일도 함께 봐주고 있습니다.", "제가 주로 그 일을 했습니다.", "널 제일 믿어서 하는 말인데 B에겐 말하지 마."

## •3위 무능파

세 번째는 일을 못하는 무능한 사람들이었다. 우리가 흔히 하는 질문 중에 '무슨 능력으로 승진한 거지?'라는 의문을 품게 하는 상사들이 이런 유형이다. 그러나 처음부터 무능하진 않았을 것이다. 그 자리에 맞게 일하는 방법을 터득하지 못한 사람이라고 하는 것이 맞을지 모른다. 계속 일을 시키기만 하고 받기만 하다 보니 스스로 생각하고 일하는 법을 잊어버린 불쌍한 사람들이다.

- 입버릇: "더 좋은 생각 없어?", "이게 정말 맞는 거야?"

## •4위 기분파

가장 무서운 사람들이다. 종잡을 수 없기 때문에 어느 장단에 춤을 춰야 하는지 결정하기가 어렵다. 특히 화나는 상황에서 감정 컨트롤이 되지 않아 종종 위험한 수위에 이르기도 한다. 주요 특징으로는 자신이 한 말을 자주 잊어버리고 즉흥적으로 행동한다는 점이다.

- 입버릇: "내가 그랬나? 언제?" "날 우습게 보는 거야?" "○○씨, 뭐해?"

## •5위 나르시스파

자기도취가 심한 사람들이다. 주요 특징으로는 '척'을 잘한다는 것이다. 아는 척, 있는 척, 인맥 많은 척을 하는 낙으로 하루를 보낸다. 칭찬

에는 약하지만, 충고는 잘 듣지 않는다. 누군가에게 서운해하면 그 감

정을 끝까지 지니고 있다.

- 입버릇: "내가 개인적으로 아는데….", "내가 예전에 해봤는데…."


기타 최악의 상사로는 쪼기 대마왕, 욕의 제왕, 결정장애, 쫀쫀한

사람 등이 꼽혔다.


## 선제적 대응법

평소 즐겨 보는 다큐드라마 '막돼먹은 영애씨'에서는 상사에게 복

수하는 소심한 방법들을 보여준다. 상사 신발에 초고추장 뿌리기, 커

피에 가래침 뱉기, 상사 칫솔로 변기 청소하기, 바퀴벌레로 우려낸

녹차 주기, 침 섞은 잼 발라주기 등 보기만 해도 통쾌하고 즐겁게 복

수하는 이 방법들을 실제로 적용하기란 사실 매우 힘들다. 현실에서

우리가 할 수 있는 최고의 복수는 '무시' 정도다.

한 설문조사에서 본 상사에게 복수하는 방법 1위도 '상사 얘기 못

들은 척 무시하기'였다. 2위는 '주변 사람들에게 칭찬하는 척하면서

비꼬기'였다. 이어서 회식에서 개인 카드 긁게 하기, 중요한 말 전하

지 않기, 인사 안 하기 등이 있었다. (2013. 6. 20. 취업 포털 사이트 커리어

설문조사 결과)

이제 더 이상 상사에게 당하고서 참기만 하거나 소심하게 복수하지 않고, 오히려 그들을 넘어서는 방법을 나누고자 한다. 이 방법은 그동안의 경험과 주변인의 힘을 빌려서 작성해보았다. 이 방법을 잘 터득한다면 처음에는 준비하고 맞추느라 힘이 좀 들지 모르지만 확실히 상처는 덜 받게 될 것이다.

- **권위파 대응법**
  - 일단 시키는 일은 하고 나서 의견을 말한다.
  - 보고는 결론부터, 설명은 나중에 하자.
  - 그의 과실이 생겼을 때 성심껏 구해주고 유리하게 생색내라.

- **정치파 대응법**
  - 그의 말이라면 무조건 의심하라.
  - 상사의 상사와 친해져야 한다. 그의 상사에게 내가 언제든 직접 말할 수 있다는 것을 알면 함부로 대하지 않는다.

- **무능파 대응법**
  - 업무에 대해 구체적으로 설명하자. '이 정도는 알겠지.'라고 짐작하고 안 알려주면 결국에는 나만 고생한다.
  - 구체적으로 해야 할 일을 알려줘라. 그러면 날 믿기 시작한다.

    - 일은 하지 않고 인간적인 분위기로 어물쩍 넘어가는 오류를 범하지
      말자.

  • **기분파 대응법**
    - 상사의 감정적 언행에 흔들리지 않도록 정신 훈련을 하자.
    - 데스노트를 적어라. 말과 행동의 증거를 수집하는 용도로 쓴다. 구체
      적인 행동, 날짜를 기록해서 발뺌할 때 보여준다.

  • **나르시스파 대응법**
    - 그가 하는 모든 '척'엔 장단을 맞춘다.
    - 그의 '척'을 내 일에 도움이 되는 쪽으로 활용한다. 개인 돈으로 얻어
      먹기, 인맥 소개받기 등

  세상에 완벽한 사람은 존재하지 않는다. 그러니 완벽하게 좋은 상
사를 바라는 건 애초에 무리가 아닐까? 나에게 좋은 상사는, 나도 그
에게 좋은 부하직원일 때 탄생한다는 사실을 잊지 말자. 지금 이 순
간 '섹스 앤 더 시티'의 명대사가 떠오른다. "세상에 완벽한 상사, 완
벽한 부모, 완벽한 드레스는 존재하지 않는다. 있는 것을 활용해 최
선을 다해 즐겨야 한다!"
  여러분이 만난 최악의 상사를 떠올려보자. 그는 정말 최악이었나?

나는 그를 넘어서기 위해 어떤 노력을 했는가? 만약 지금 최악의 상사와 함께하고 있다면 상처받고 슬퍼하는 시간을 줄이고, 그를 넘어서기 위해 어떤 일을 해야 하는지 고민하는 시간을 늘리기를 추천한다. 그러면 분명 변화가 일어날 것이다.

**전달 포인트 03**

☑ 천재와 바보가 종이 한 장 차이듯, 최악과 최고도 마음 한 장 차이이다.

☑ 내가 그를 최고로 대하면, 그도 최고가 될 수 있다.

이끌든지 따르든지 비키든지

## 04 전달의 공사
# 마음을 나누고
# 있는가?

"남을 아는 사람은 똑똑하지만, 자기를 아는 사람은 밝다."

– 노자

열심히 다니던 직장을 그만두는 가장 큰 이유는 무엇일까? 미국이나 유럽은 개인의 성장을 위해 회사를 옮긴다고 하지만, 아직도 '평생직장' 개념을 믿고 싶은 이 나라의 직장인들은 좀 다른 것 같다.

### 그들은 왜 회사를 떠나는 것일까

과도한 업무, 불투명한 성장가능성, 건강상의 문제 등 저마다 이유들은 있지만 결정적인 계기를 제공하는 것은 대부분 '사람'이다. 위,

아래, 옆에 있는 사람들과의 불편한 관계 때문에 떠나는 동료들을 보면서 한 번쯤 생각해볼 필요가 있다.

나에게 인생을 한마디로 표현하라고 한다면 '관계'라고 말하겠다. 가족, 친구와는 조금 다른 관계들을 경험하는 첫 장소가 '직장'이다. 직장에서는 '관계'의 규칙을 잘 알아야 실패를 줄일 수 있다. 그래서 우리는 입사 초에 본인이 겪는 곤혹스러운 상황을 피하기 위해 손에 잡히는 대로 자기계발서를 읽고는 한다. 나도 예외는 아니었다. 내가 기억하는 대부분 책들에서 이런 조언을 했다.

"비공식 집단을 잘 활용해야 성공한다."

"담배 피우면서 모든 주요 의사결정이 일어난다."

"회식은 업무의 연장이다. 꼭 참석해라!"

그러나 나의 지난 직장생활을 돌아보니 이 조언들에 조심스레 반기를 들고 싶어진다. 비공식 집단을 주도하고, 무리와 어울려 담배를 피우고, 회식을 즐겨 하던 사람들도 회사를 나가는 모습을 보았다. 책과 현실은 다르다. 그렇다면 자기계발서에서 하는 조언들이 틀린 것일까? 꼭 그런 것만은 아니다.

자기계발서에서 조언하는 행동들을 하는 이유를 조금만 더 깊이 생각해보자. 대부분 그런 행동을 하는 이유는 사람들과 '관계'를 돈독히 하려는 것이다. 그런데 담배와 술을 나눈다고 해서 그 관계가 다 형성되는 것이 아니다. 정말 나눠야 할 것은 따로 있다.

## 담배 자리, 술자리 토크의 진실

입사하고 나서 첫 건강검진 날이 왔다. 전날 금식하여 굶주린 배를 부여잡고 병원으로 향했다. 하나둘씩 검사가 진행되고 니코틴, 스트레스 검사를 받는 단계였다. 의사가 나에게 물었다. "담배는 얼마나 피우세요?" 25년째 금연을 하고 있는 나의 깨끗한 폐에 대한 모독이 아닐 수 없는 질문이었다.

"전 담배 안 피우거든요!"

"아, 최근에 끊으셨어요?"

"아니요! 아예 안 피운다고요!"

"이상하다. 그럼 이 니코틴 수치는…."

처음엔 어이가 없다가 잠시 후 무서워졌다. 내 몸에 무슨 일이 일어난 것일까? 의사의 설명을 들으니 더 그러했다. 담배를 피우지 않아도 간접흡연으로 인해 담배 연기에 많이 노출되면 니코틴 수치가 높아질 수 있다는 것이다. 동시에 머릿속에 섬광처럼 그동안의 행동이 빠르게 지나갔다.

어느 날 일하다가 주위를 돌아보니, 나 말고는 아무도 없었다. 그리고 한참 후에 삼삼오오 담배 냄새를 풍기며 남자 선배들이 들어왔다. "그거 있지? 그건 그렇게 하자!" 이런 식의 암호 같은 대화가 이어지면서 알 수 없는 소외감을 느꼈다. 그래서 자기계발서에 쓰인 대로 흡연자들의 대화에 끼기로 했다. 메신저로 나가자는 사인을 하고 일어나는 선배들의 꽁무니를 강아지마냥 졸졸 따라 나갔다.

담배는 안 피워도 시시콜콜한 농담에 웃기도 하고, 사무실에서는 들을 수 없었던 뒷이야기들을 주워듣기도 했다. '이런 것이 담배 자리에 참석하란 이유였구나!' 생각하며 친해진 것 같은 느낌도 들었다. 그 결과, 나는 높은 니코틴 수치를 얻었다. 정말 담배 자리에 끼어서 얻은 것이 많았나? 꼭 그 방법밖에는 없었을까?

연수를 받고 난 신입사원들에게는 부서 배치가 가장 큰 이슈다. 나도 그런 경험을 했는데, 의지와 상관없이 지방에 갈 수 있는 상황이라 온몸의 신경 안테나가 '배치'에 맞춰졌었다. 교육 마지막 날 인사팀과 회식이 열렸다. 어느 정도 술에 취한 동기들은 인사팀 선배 앞과 옆을 모두 에워쌌다.

"형님, 전 좋은 곳에 가는 거죠?"

"그럼! 넌 내가 챙겨줄게. 걱정 마. 이 자식!"

"역시, 전 형님만 믿습니다!"

지금 생각하면, '아무 의미 없다.'라고 말해주고 싶지만 그때 그들은 아주 간절했다. 다음 날 배치 부서가 정해졌다. 그런데 그렇게 술자리에서 형님을 외치던 동기들은 원하는 곳에 배치되지 못했다. 술자리에서 그렇게 동생을 외치던 인사팀 선배도 실제 '업무' 앞에선 냉정해질 수밖에 없다. 그건 잘못된 것이 아니다. 원래 그런 것이다.

그런 일들이 반복되자 꼭 그게 다가 아니라는 생각이 들면서, 처음에 맹신했던 자기계발서들에 반기를 들고자 결심했다.

> 비공식이 아닌 공식적인 자리를 활용하라.
> 함께 담배 피우는 나보다 사무실에서 더 매력 있는 나를 만들어라.
> 회사에선 형님을 지나치게 형님이라 부르지 않는 홍길동이 되어라.

## 마음을 잘 나누는 방법

직장에서는 담배 자리나 술자리에 참석하는 것이 중요한 것이 아니다. 먼저 본질을 봐야 한다. 우리가 그런 행위를 하는 이유인 '관계 형성'이라는 본질 말이다. 회사에 온 목적을 간과해서는 안 된다. 사무실에서 나에게 요구하는 것은 '일'이다. 그래서 1순위가 되어야 할 것은 나를 일에 관해서 매력적으로 보이게 하는 것이다. 특기를 만들어서 나를 없어서는 안 될 존재로 만드는 것은 그다음 일이다.

다음으로는 나의 말과 행동에 진심을 담아야 한다. 한동안 진정성에 대한 개념이 유행이었다. 눈에 보이는 겉치레에만 신경을 많이 쓰는 요즘 행태에 지친 사람들이 늘어나고 있다. 번지르르하고 세련된 말보다는 투박하고 거칠더라도 따뜻한 마음이 전해지는 표현이 더 효과적일 수 있다. 생각과 행동이 일치하도록 평소에 노력하자. 하나 둘씩 진심이 쌓이면 사람들도 나에게 전폭적인 믿음을 준다. 오해를 받는 상황이 생겨도 나를 믿고 지지하는 사람이 많으면 그 상황에서 벗어나기에 유리하다.

그리고 진정으로 즐길 줄 아는 사람이 되길 바란다. 삶에 지친 사람들은 편하고 재미있는 사람을 좋아한다. 만약 그런 재능을 타고났다면 조상에게 훌륭한 DNA를 물려받은 것에 감사하길 바란다. 회사에서 즐기는 일이라고 하면 회식을 많이들 떠올린다. 신입사원들도 그렇고 취업준비생들이 많이 묻는 질문영역이기도 하다. "전 술을 잘 못 먹는데 어떡하죠?", "주량이 얼마나 돼야 하나요?"라며 일을 시작하기노 선에 술에 내한 공포를 느낀다. 슬픈 일이다. 왜 일과 술을 연결하는가? 내 주변에는 알코올 한 방울에도 의지하지 않고 일을 잘하는 사람이 얼마든지 많다.

나의 주량은 어떤 술 종류든 한 잔이다. 그 이상 마시면 몸에 이상이 온다. 영업을 할 때는 술자리가 너무 많아서 술을 버리는 노하우마저 술 상무 수준이었다. 그런데 아무도 내가 술을 못 마시는지 모른다. 심지어 어떤 사람은 술고래라고 착각한다. 왜냐하면 늘 끝까지 열정적으로 놀았기 때문이다. 음주는 잘 못하지만 다행히 가무를 좋아해서 생수를 마시면서도 밤새 놀 흥이 내 안에 있었다.

직장에서는 술을 얼마나 많이 마시느냐보다 사람들과 즐기는 마음을 나눌 줄 아느냐가 더 중요하다. 술은 그저 보조장치일 뿐이다. 같이 영화를 보거나 관심분야를 공부하거나 산책을 하는 것으로도 충분히 마음을 나눌 수 있다. 중요한 건 내가 전달하는 마음이 진짜 내 마음이면 된다.

이렇게 일에 특기가 생기고 나에 대한 신뢰가 쌓이면 쉽게 무너지지 않는 '관계'가 형성된다. 가끔 그 균형이 깨져서 일은 잘하는데 사람이 좀 이상하다거나, 사람은 참 좋은데 일을 못한다거나 하면 회사에서 내 위치가 애매해지기 시작한다. 이 균형 안에서 마음을 잘 나누는 것이 필요하다.

회사에서 성공하는 방법은 참 쉽다. 회사가 '사람들이 모여서 일하는 곳'이라는 가장 간단한 진리를 잊지 않으면 된다. 그것이 사람과 일 사이에서 나만의 균형을 찾는 방법이다. 그리고 사람들과 나눠야 할 것은 '마음'이란 사실도 기억하기를 바란다.

**전달 포인트 04**

☑ 사무실에서는 홍길동이 되어라. 호형호제가 늘 좋은 것은 아니다.

☑ 나를 투명하게 만들수록 신뢰가 쌓여간다. 가면을 만들 필요가 없으니 내 마음도 가벼워진다.

☑ 직장에서 정말 나눠야 하는 건 담배, 술잔이 아니라 진심 어린 마음이다.

# CHAPTER 2
# 수명 연장하기

☑ 나는 일을 잘 받는 사람인가?

☑ 상사와 썸 좀 타봤나?

# 나는 일을 잘 받는 사람인가?

"크게 생각하는 사람은 듣기를 독점하고 작게 생각하는 사람은 말하기를 독점한다."
– 데이비드 슈워츠, 「크게 생각할수록 크게 이룬다」의 저자

주변에 야구 때문에 죽고 못 사는 친구가 한두 명은 꼭 있을 것이다. 야구는 대한민국의 가을을 뜨겁게 달구는 인기 스포츠로, 입문하고 싶어하는 아이들도 많다. 야구는 어떤 포지션이냐에 따라 요구하는 역량이 매우 다르다. 입문하는 아이들이 가장 선호하는 포지션은 투수와 유격수이고, 가장 기피하는 포지션은 포수라고 한다. 공을 던지고 치는 것을 야구 경기에서 하이라이트라고 생각하고, 포수는 얼굴도 보이지 않고 시속 150km 이상의 속도로 던지는 공을 온몸으로 받아내야 하는 위험한 역할이라고 생각하기 때문이다. 그리고 사람

들은 포수의 역할을 보조적이라고 생각할 뿐 게임의 승패는 투수나 타자에 의해서 결정된다고 생각한다. 그래서 야구계는 늘 포수 기근 현상에 시달린다고 한다. 야구 동호회에서조차 포수는 비인기 포지션이다.

주변 문인들과 함께 만들었다는 야구 동호회 '구인회'에서 서효인 시인의 포지션은 포수라고 한다. 소설가 백가흠의 말을 빌리자면, '포수는 실수는 치명적이고, 성공은 본전인 사람'이다. 한 게임에서 200번은 앉았다 일어나야 하고, 경기 내내 쭈그리고 앉아 있어야 하는, 모두가 꺼리는 일이다. 그런데 우리가 간과하고 있는 사실이 있다. 바로 포수는 그라운드의 감독이라는 점이다.

경기의 흐름을 좌우하는 것이 투수의 공이라면, 그 공을 조정하는 역할은 포수가 한다. 야구 경기를 분석해보면 이기는 팀에는 늘 공을 잘 받는 포수들이 존재했다. 훌륭한 포수는 투수의 능력을 정확히 파악하고 전략적으로 볼 배합을 한다. 투수가 던지는 공을 어떻게 잘 받느냐에 따라 그날의 승패가 달라질 수 있다. 그렇다. 공은 잘 던지는 것도 중요하지만 그만큼 받는 것도 중요하다.


## 포수의 운명, 나는 직장인

포수 이야기를 꺼내는 이유는 공을 받는 포수의 모습이 우리와 많이 닮았기 때문이다. 직장인 수명을 20년으로 봤을 때 얼마 동안 포수로서 삶을 살까? 최소한 경영진이 되기 전까지 상당한 시간을 수명업무를 하는 포수로서 지낸다. 사원은 대리, 과장에게서 일을 받고, 차장은 부장에게서 일을 받고, 하늘같이 높아 보이는 임원들도 사장에게서 일을 받는다. 일의 사이즈가 달라지고 짊어져야 할 책임이 달라질 뿐이다. 직장인으로서 살아가야 할 '수명'의 수레바퀴는 계속 굴러간다.

## 일을 잘 받는 비결

일 받는 운명을 가진 것이 직장인이라면 성공하는 방법도 그 운명 안에 있지 않을까? 간단하게 생각하면 일을 잘 받으면 된다. 잘만 받아도 절반은 성공이 보장된다. 아주 당연하고 쉬운 공식 아닌가? 그러나 쉬운 이야기가 아니다. 문제의 시작은 그 '잘'이란 단어에 있다. 받는 것이 쉽다면 조직생활을 하는 대부분 사람이 성공해야 하는데 그렇지 못하다. 물론 성공의 키워드가 꼭 '업무능력'에만 있다고 할 순 없지만 가장 기본적인 조건인 것은 틀림없다.

그렇다면 '일을 잘한다.'라는 기준은 무엇인가? 나를 평가하는 사람들, 즉 일을 준 사람들을 만족시켜야 한다. 일반적으로 심리적인 만족은 결과물이 기대한 수준 정도이거나 조금 더 좋을 때 일어난다고 한다. 같은 종류의 일이라 해도 사람들의 성향에 따라 만족을 느끼는 포인트가 다르다는 사실이 우리를 힘들게 한다. 그러므로 상대방의 의도, 기대 수준을 파악하는 것이 중요하다.

주변에 일 좀 한다는 사람들을 유심히 살펴보자. 그들은 공부 잘하는 우등생이 아니라 분위기를 파악하고 상대방의 마음을 헤아리는 쪽으로는 동물적인 감각을 소유한 사람들이다. 즉 상사가 주는 일의 내용(text)만 받는 것이 아니라 일이 가진 맥락(context)을 받는다. 다음의 상황을 한번 살펴보자.

부장이 다가와 일을 던진다.

"송과장, 전년대비 우리 실적 좀 분석해봐!"

문장 자체만 보면 이건 도대체 무엇을 하라는 이야기인지 알 수가 없다. 도대체 어떤 실적을, 무엇을 위해, 어떤 기준으로 분석해보라는 것인지 난센스다. 가슴속에서 10년 묵은 짜증까지 올라온다. 그리고 퉁퉁 부은 얼굴로 불평을 시작한다. 다시 질문할 용기 있는 심장을 가진 사람은 그리 많지 않다.

이때 일 잘하는 사람들은 어떻게 할까? 초능력이라도 써서 상사의 마음을 읽는 것일까? 현실에선 불가능하다. 그들은 조용히 일어나 상사의 상황을 파악하기 시작한다. 어떤 상황에서 그런 지시가 나왔는지 조사에 들어가는 것이다. 누구를 만나고 나서 그런 일을 시켰는지, 어떤 보고를 받았는지, 혹시 상사의 상사에게 깨지고 나왔는지,

어떤 회의에 참석했는지 등 꼼꼼하게 그의 뒤를 밟는다. 정황 증거를 많이 확보할수록 유리하다. 어떻게 나에게 그 일이 전달된 것인지 탐정처럼 조사한 뒤 상사의 마음을 유추해본다. 이렇게 일을 시작하면 상사의 생각에 90% 정도는 접근할 수 있다.

이 일이 가능하려면 평소에 맥락을 파악하는 능력을 기르고, 증거를 수집해주는 증인 역할을 할 수 있는 사람들과 관계가 좋아야 한다. 증인들은 옆 부서 동료, 임원 비서, 서무 직원, 경비 아저씨, 청소 아줌마 등 상황에 따라서 회사 건물 안에 있는 모든 사람이 될 수 있다.

하루 종일 짜증내는 상사 때문에 힘든 날도 있었는데, 그 원인이 내가 아니라 그의 개인적인 일이라는 사실을 청소 아줌마로부터 건네 들은 적이 있었다. 그 이야기를 듣고는 그날은 상사에게 어떤 일도 보고하지 않았고, 순조롭게 하루를 마무리할 수 있었다.

청소 아줌마는 어떻게 알았을까? 화장실에서 우연히 상사의 전화 통화 내용을 들었고, 자꾸만 깨지는 내 모습이 안쓰러워 슬쩍 말해준 것이었다. 이렇듯 상사가 어떤 맥락에서 그 일을 시키는지 알면 그다음은 술술 잘 풀린다. 일을 주는 사람들이 가장 싫어하는 헛발질 또는 헛손질을 하지 않아도 되기 때문이다.

잘나가는 사람들이 일을 잘 받는 비결은 바로 '맥락을 파악하는 능력'에 있었다. 더불어 맥락을 파악하는 시간이 짧으면 짧을수록 일할 시간이 확보되므로 결과의 질을 높일 수 있다.

그렇다면 맥락을 파악하는 능력을 어떻게 키울 것인가? 우선 사회지능을 높여야 한다. 사회지능이란 다른 사람들과 관계를 정확히 이해하고 적절하게 행동하는 능력이다. 하버드대학 심리학과 대니얼 골먼 교수의 저서 『SQ 사회지능』에서도 사회지능의 중요성을 언급하고 있다. 골먼은 협업이 늘어나는 21세기에는 사회지능이 높은 사람이 성공한다고 주장한다. 이 능력도 타고난 사람들만 가능한 것인가? 아니다. 학습하는 지능은 선천적 요인이 크게 작용하지만, 사회지능은 학습과 모방을 통해 훈련할 수 있는 후천적 분야다.

## 공격적으로 일 받기

다시 야구장으로 돌아가서 포수의 모습을 떠올려보자. 포수만이 유일하게 머리부터 발끝까지 중무장을 하고 있다. 무시무시한 속도로 날아오는 공을 받기 위한 안전장치다. 모든 공이 예상한 대로 글러브 속으로 쏙 들어오지 않기 때문이다. 변화구를 요구했는데 직구가 날아오기도 하고, 잘못 조준된 방향 때문에 몸에 맞기도 하고, 타자가 놓친 볼이 땅에서 튀어오르기도 한다. 아무리 잘 받으려고 해도 던지는 사람, 치는 사람이 공의 방향과 속도에 영향을 미친다.

일도 마찬가지다. 내가 잘 받으려고 한다고 해서 잘 던져줄 것이라고 생각하면 오산이다. 사람에 따라 던지는 마음도, 스타일도 다르기 때문에 내가 원하는 것을 받으려면 주는 대로 받을 것이 아니라 공격적인 '받기'를 해야 한다. 훌륭한 포수가 투수의 공을 유도하는 것처럼 말이다.

## 일 잘 받기의 시작은 '듣기'

일을 잘 받는 것은 잘 듣는 것에서 시작한다. 그렇다면 잘 듣기 위해선 어떤 노력이 필요할까? 특별한 방법이 있는 것일까?

### '끝'을 찾는 게임(end game)

듣는다는 것이 쉬운 일처럼 보이지만 꼭 그렇지만은 않다. 귀의 생김새는 분명 열려 있는데, 귀를 닫고 사는 사람들이 의외로 많기 때문이다. 오죽하면 듣는 것이 직업으로 탄생했을까? 심리 상담사, 정신과 의사 그리고 역술가까지. 그들의 핵심 능력은 '듣기'다. 누군가 나의 이야기를 진심으로 들어준다는 사실 하나만으로도 큰 위로가 될 때가 있다. 위로뿐만 아니라 문제를 해결하기 위해서도 듣는 것이 중요하다. 풀어야 할 매듭을 정확히 파악해야 족집게 처방을 내릴 수 있기 때문이다. 어떻게 들어야 잘 들릴까?

한마디로 말하자면 끝까지 들어야 한다. 여기서 '끝'이란 단어가 중요하다. '끝'은 내가 정하는 것이 아니다. 그건 나에게 말을 전달하는 사람이 정한다. 우리는 남의 얘기를 듣다가 스스로 '끝'을 정하고 딴생각을 하거나, 상대방이 말을 다 마치지 않았는데도 말을 자르고 끼어들기를 한다. 주로 떠오르는 생각들은 이런 것들이다.

'아, 왜 또 나한테 이런 일을 시키지?'

'이건 무슨 말이지?'

'내가 왜 이 일을 해야 하지?'

'얼마나 걸릴까? 오늘 정시에 퇴근은 할 수 있을까?'

이렇게 떠오르는 생각들은 어느새 나의 귀를 막아 듣기를 방해하는 커다란 문을 만든다. 그러다 보면 상대방이 전달하려는 말도, 마음도 더 이상 들려오지 않는다. 이럴 때 우리에게 필요한 것이 바로 순간적인 집중력이다. 무언가에 집중하는 데 장애가 있는 사람이라면 평소에 집중하는 연습을 좀 하는 것도 제안해본다.

나에게는 배고픈 건 참아도 궁금한 건 못 참는 병이 있어서 상사의 말 가운데를 싹둑 자르고 질문하는 아주 나쁜 버릇이 있었다. 그리고 상사가 말을 하는 가운데 궁금한 것들이 온갖 물음표 형식으로 머릿속에 떠올라서 입이 근질거렸다. 이런 말 자르기 '병' 때문에 수모도 많이 겪었다. 말이 끊긴 상사는 흥이 떨어져서 말하기 싫다며 입을 다물기도 했고, 말하는 데 끼어든다고 면전에서 혼나기도 수차례 반복했다. 상사가 끝까지 말하지 않으면 듣는 사람만 손해다.

그래서 나만의 방법 하나를 터득하게 되었다. 바로 풍선 띄우기 게임이다. 상사가 하는 말을 풍선이라고 생각하고 그 풍선을 자꾸 위로 올리는 것이다. 머리 위로, 하늘 위로, 우주 위로 계속 올라가는데 놓치면 안 되는 게임이다. 잠시라도 한눈팔면 그 풍선은 떨어져버린다. 떨어질 것 같으면 이런 질문들로 그 풍선을 띄운다.

'다음엔 무슨 말이 나올까?'

'이 단어를 힘주고 이야기했나?'

'몇 번 반복해서 말한 거지?'

사실 이 방법은 명상할 때 쓰는 집중하는 방법에서 응용한 것이다. 일단 마구 근질거리는 내 입을 막기에는 특효약이었다. 또 상대의 말에 집중하다 보니 자연히 듣는 내용이 풍부해졌다.

과거에는 일을 받고 난 후 들었던 내용들을 조각난 퍼즐처럼 재조합해야 하는 시간이 필요했는데, 이렇게 훈련한 이후에는 일을 받은 후 곧바로 업무에 들어갈 수 있게 되었다. 재구성하는 시간이 줄어들수록 우리에겐 '여유'라는 틈새가 생기니 얼마나 좋은가?

## 추임새 넣기(active reaction)

포수가 던질 공을 유도하듯이 듣는 사람도 말하는 사람의 '흥'을 유도해야 한다. 말하는 사람이 흥이 나지 않으면 할 말을 다 하지 않거나 개떡같이 말하고 찰떡같이 알아듣기를 원한다. 그러나 상식적으로 생각해보자! 개떡이 어떻게 찰떡이 되겠는가. 처음부터 찰떡을 주도록 유도하는 편이 훨씬 낫다.

말하는 사람의 흥을 유도하는 것이 바로 추임새다. 추임새란 판소리에서 사이사이에 흥을 돋우기 위하여 삽입하는 소리다. '좋지', '얼씨구', '흥' 따위의 소리를 말한다. 이 소리들이 혼자 하는 밋밋한 창을 좀 더 풍부하게 만들어주는 역할을 한다.

말로 일을 받을 때도 마찬가지다. 중간에 넣는 적절한 추임새가 말하는 사람으로 하여금 더 잘 말하게 하는 에너지를 준다. 추임새는 몸과 말 두 종류로 할 수 있다. 고개를 끄덕이거나 몸을 앞으로 기울이는 자세는 경청하고 있다는 대표적인 추임새다. 말로 하는 추임새는 질문이 아닌 감탄사라는 것을 명심하자. 추임새의 종류는 대충 이러하다. "아, 그렇군요!", "흥미롭네요.", "좋습니다.", "오, 대단해요!", "알겠습니다.", "이해되었습니다."

너무 잦거나 상황에 맞지 않은 추임새는 상대방을 놀리는 것처럼 보일 수 있으므로 적절한 타이밍과 횟수를 고려하는 것이 필요하다. 상대방이 서너 마디 정도를 했거나 다음 말을 하려고 생각하는 동안의 중간 공백을 채운다고 생각하며 해보자.


### 일 잘 받기의 끝, '일 그리기(idea drawing)'

끝으로, 일을 받을 땐 반드시 증거를 남겨야 한다. 설마 메모를 하라는 말일까? 그렇다. 메모하라. 뻔한 말이라고 치부하지 말고 보이게 메모하라. 정말 맹신하지 말아야 할 것이 자신의 기억력이다. 특히 소리로만 들은 기억은 휘발유처럼 공기 속으로 쉽게 날아가버린다. 처리해야 할 일이 많은 직장인이 기록하지 않고 오래 기억하려드는 행위는 매우 위험하다.

기억을 하는 방법은 소리, 글, 그림 세 가지 유형으로 나눌 수 있다. 어떤 방법이 가장 효과적일까? 어떤 사람은 회의를 하거나 일을 받을 때 일일이 녹음하는 사람이 있다. 그리고 일을 시작할 때 녹음한 것을 되새김질하면서 할 일을 다시 정리한다. 증거를 남기는 좋은 방법이기는 하지만 시간을 이중으로 쓴다는 단점이 있다. 또 녹음기를 믿고 일을 받는 그 순간에 집중하지 않는 자세가 될 수 있다.

이왕이면 일을 받을 때 자신이 해야 할 일까지 곧바로 정리하는게 좋다. 그러면 일을 받은 후 바로 일을 시작할 수 있다. 따라서 일을 받을 때 들으면서 정리하는 기술을 추천하고 싶다. 바로 '일 그리기'를 하는 방법이다. 일을 받을 때 대부분 소리나 글로 받는데, '일 그리기'는 그 내용을 그림으로 표현하는 것이다. 그렇게 하려면 머리로는 생각하고, 손으로는 그림을 그려야 한다. 아날로그든 디지털이든 중요하지 않다. 자신에게 맞는 수첩을 하나 준비하고, 그 수첩에 이름을 하나 선물하자. 내 수첩의 이름은 'serendipity(우연한 행운)'다.

상사가 던지는 소리와 글을 내가 해야 하는 일로 큰 그림을 그린다. 그림에 존재하는 내용들은 다음과 같다.

- When: 일을 받은 시간, 마감기한, 1차 보고 시기 등 시간과 관련된 내용
- Who: 필요한 자료는 어디서 받고 누구에게 주는지 부서와 사람 표시
- What: 강조한 키워드, 찾아볼 내용, 문서 작업, 확인해야 할 일 등
- How: 원하는 수준이나 중요도 등을 별 모양으로 표시

일을 그려보면 한눈에 해야 할 일을 파악할 수 있다는 장점이 있다. 혹시라도 그림 그리는 실력이 없다고 고민할 필요는 없다. 이것은 얼마나 잘 그리느냐가 중요한 문제가 아니다. 받은 일을 내 것으로 얼마나 소화하느냐가 더 중요하다. 참고로 나는 그림 그리기에 전혀 소질이 없는, 손이 거의 발 수준인 그림 실력이지만 그림을 그린다. 생각을 그리는 데는 그림 실력이 상관없다.

**전달 포인트 05**

☑ 경청에서 가장 큰 방해꾼은 내 머릿속에 떠오르는 무수한 생각들이다.

☑ 일을 받다가 다칠까 두려워하지 말라. 받기 좋은 공만 받는 포수는 실력이 늘지 않는다. 이상한 공도, 잘못 던진 공도 받아내야 고수가 될 수 있다.

# 상사와 썸 좀 타봤나?

"인간은 다른 것보다 더 많은 기쁨을 주는 일을 거부할 자유가 없다."

– 스탕달

'이제 여름이니 더울 것이다.'라고 말하듯 그날따라 태양이 일찍 나와서 있는 힘껏 더위를 뿜어내고 있었다. 창문을 열자 난데없이 까마귀 한 마리가 날아와 바로 앞 나무에 앉아서 계속 "깍깍" 소리를 질렀다.

"아, 재수 없게 왜 아침부터 까마귀야!"

이렇게 투덜거리고 있는데, 일찍 나온 후배 하나가 다가와 커피를 건네며 말했다.

"선배님, 까마귀는 사실 길조래요. 오늘 좋은 일 있으시겠는데요?"

그 말이 끝나자마자 전화벨이 울렸다.

"송과장, 출장 종료! 그만하고 올라와! 다음 주부터 TF(taskforce) 해야겠어!"

이제 막 지방에 내려왔는데, 영문도 모르는 TF를 하러 다시 올라오라니… 황당했지만, 이른 아침부터 다급하게 부르는 상사의 목소리가 심상치 않았다. 이 정도면 진돗개 1 발령 수준이다. 현장 전투 준비를 모두 마친 병사를 불러들인다는 건 그만큼 전면전 돌입 직전이라는 말이다. 불안한 마음에 자동차 액셀을 밟았다.

TF를 하면 자연스럽게 연상되는 단어들이 있다. 밤샘 야근, 주말 출근, 쪼임, 시달림 등 별로 친하고 싶지 않은 것들이다. 분명 풀어야 할 숙제가 어렵고 클 것이고, 결코 시간이 여유롭지 않을 것이라는 판단이 섰다. 앞으로 펼쳐질 일들을 머릿속에 그리며 서울로 향했다.

'그래서 아침부터 까마귀가 그렇게 울어댔구나.'

사무실에 와서 정리를 하고 TF 사무실로 향했다. 각 부서에서 온 사람들과 다른 회사에서 임시로 파견 나온 사람들까지 모두 새로운 사람들이었다. 간단히 말해 얼굴은 알지만 한 번도 같이 일해본 적 없는 '옆집 아저씨, 아줌마'들이 모인 것이다.

우리가 앞으로 3개월 안에 풀어야 할 숙제는 '세상에 없는 창의적인 교육을 만드는 것'. 들어보지도, 경험해보지도 못한 걸 만드는 것이 이 TF팀의 과제였다. 사람들의 얼굴이 아침에 본 그 까마귀 깃털

만큼이나 까맣게 된다.

## 일 적응은 코드 맞추기부터

TF팀 사무실 안은 보이지 않는 혼란 상태였다. 어떤 일부터 시작해야 할지 정확히 아는 사람도 아무도 없었다. 사실 일도 일이지만 모르는 사람들과 빨리 호흡을 맞춰야 하는데, 처음 보는 사람이 너무 많았다.

TF팀의 성공은 팀원들끼리 얼마나 빨리 '일하는 코드'를 맞추느냐가 결정한다고 해도 과언이 아니다. 특히 그 팀을 이끄는 팀장과 코드 맞추기가 중요하다. 다들 보고하는 코드가 자기 상사에만 맞춰져 있기 때문에 그걸 바꾸는 일이 시급했다. 하루라도 빨리 원래 상사와 헤어져야 한다. 지금부터 나의 상사는 임시로 '엑스(EX)'가 되는 것이다. 이전 상사를 빨리 못 잊을수록 TF팀 적응 시간이 지체될 뿐이고 그건 고스란히 나의 부담으로 다가온다.

## 중간보고의 중요성

팀에 합류하고 일주일 정도 시간이 흐르자 점차 회의실 공기에 적응되어갔다. 그런데 회의를 할 때나 개별 보고를 할 때마다 알지 못할 답답함이 있었다. 내가 전달하는 말이나 생각이 팀장에게까지 제대로 도달하지 않는 느낌이었다. 나는 분명 무언가를 말하고 있는데, 내가 뱉은 말이 내 입에서만 맴돌고 앞으로 나가질 않는 것 같았다. 마치 한국인끼리 외국어로 대화하는 듯했다. 왜 그럴까? 무엇이 부족한가? 정말 까마귀의 저주로 깜깜한 날들이 계속되려는 것일까?

어느 날 고개를 들어 옆에 있는 차장님을 보니 별 말을 하지 않는 것 같은데도 일이 잘 진행되고 있었다. 어떤 때는 내가 한 말을 차장님이 다시 했을 뿐인데 결과가 달라질 때도 있었다. 이것이 내공의 차이인가? 나와 차장님은 무슨 차이가 있는 것일까? 답답한 마음에 SOS를 요청했다.

"선배님, 어떻게 그렇게 말길이 잘 통하세요?"

그러자 아주 아무렇지도 않게 한마디 하셨는데, 그것이 나에겐 마치 성철 스님이 오랜 수련을 마치고 나서 하는 한마디와도 같은 깨달음을 주었다.

"평소에 이야기를 많이 하잖아. 보고서는 그걸 확인할 뿐이야."

충격에서 헤어난 뒤 생각해보니 난 최종 결과물을 보여주려고만 했지, 중간에 별로 전달하지 않았다는 것을 깨닫게 되었다. 일이 예상대로 끝나는 경우는 거의 없다. 중간에 상황이 변할 수도 있고 관련자들의 생각이 바뀔 수도 있다. 그래서 처음에 의도한 것과 다른 방향으로 가게 되는 경우도 많다. 중간 사정을 모르고 처음과 끝만 보면 이해가 잘 안 가는 건 당연한 일이다. 영화를 볼 때도 중간 내용까지 봐야 결말에 반전이 있는 건지, 감동이 있는 건지 알 수 있는 것처럼 전체 스토리를 알아야 진짜를 알 수 있는 것이다.

그 선배는 남달랐다. 일하는 데 있어 언제나 막힘이 없던 차장님은 일이 마무리되기 전까지 쉬지 않고 상사와 의견을 주고받는, 일명 '썸 타기 선수'였다. 이 큰 깨달음 이후 점심 먹고 산책할 때, 커피 마실 때, 업무가 결론 나기 전에 중간보고 하는 횟수를 늘렸다. 보고라기보다는 상담을 하기도 하고 의견을 받기도 하는 식으로 대화 속 주제를 자연스럽게 '업무'로 가져간 것이었다. 그런 일이 잦아지자 이런 대명사 보고도 가능해지는 경지에 이르렀다.

"팀장님, 그때 그거입니다!"

"어, 그때 그거야? 그렇게 해!"

## 상사와 썸을 탄다는 것

요즘 '썸 타기'가 대세다. 정확한 유래를 알 수는 없지만 '썸'은 영어 단어 'something'의 첫 발음 '썸'에서 따온 말로, 문자 그대로 '뭔가 있다.'는 의미다. 특히 이성 사이에 오가는 미묘한 감정을 말한다. 관심이 가는 이성과 교제하기 전 서로의 감정을 밀고 당기며 가슴을 졸이는 그 기간이다. 어떤 사람은 이 기간을 즐기다가 자연스레 연애

이끌든지 따르든지 비키든지

로 발전하고, 어떤 사람은 이런 시간을 견디지 못해 연애를 시작하지도 못하고 '모태솔로'로 지내기도 한다. 어쩌면 누군가를 사귀기 위해서는 꼭 거쳐야 하는 필수 단계라고 할 수 있다.

그런데 꼭 '썸'은 이성 간에만 타야 하는 것일까? '썸'을 타는 이유가 서로의 감정과 생각을 확인하고, 유리한 고지를 차지하기 위해 협상하고, 성공 타이밍을 노리는 것이라면, 연애뿐만 아니라 어떤 일이든 본격적으로 시작하기 전에 필요한 것이 '썸 타기'다. 따라서 우리의 일이 잘되려면 상사와의 '썸 타기'는 필수조건이 되는 셈이다.

상사와 썸을 타는 데 가장 어려운 점은 윗사람이라는 부담감이다. 그런데 누가 나와 그의 위치를 정해주었나? 너는 아래, 그분은 위에 있으라고 아무도 말해주지 않았다. 내 머릿속에 존재하는 관행일 뿐이다. 일을 할 때만큼은 상사가 내 위에 있는 사람이 아니라 내 일을 도와줄 수 있는 '매력적인 사람'이라고 생각하면 세상이 달라질 수 있다.

상사와 썸 타는 기술에는 개인차가 있기 때문에 기본 방법들을 토대로 자신과 상사에게 맞는 방법으로 적용해야 한다. 썸 타는 방법은 일의 프로세스와 상황에 따라 달라질 수 있다. 먼저 Pre-Main-Post로 나누어서 생각해보자.

### Pre, 상사를 예습시켜라

어떤 일을 시작하기 전에는 꼭 상사를 예습시키자. 관련된 분야에 등장하는 용어, 개념, 트렌드에 대한 내용을 아느냐, 모르느냐는 의사결정에 큰 차이를 가져온다. 그리고 이 선행학습은 서로가 이야기할 주제에 대한 언어를 통일시키고 관심을 불러일으키는 중요한 작업이다. 이 기술은 아주 가볍게 접근하는 것이 좋다.

"그거 아세요? 이게 요즘 뜨는 개념이래요."

여유 시간에 읽어볼 수 있는 기사나 리포트를 정리해서 주거나 메일로 전달하면 자연스럽게 학습이 될 수 있다. 나는 꼭 일을 위해서가 아니더라도 회사 메일을 통해 유머나 정보를 보내주는 상사 그룹을 따로 관리했었다. 오랜만에 만나는 옛 상사도 늘 보내주는 정보에 대한 이야기로 대화를 시작할 수 있어 좋았다. 매번 읽지 않더라도 하루에 한 번 내 이름으로 무언가를 받았다는 느낌은 지워지지 않는다. 그렇게 나는 무언가 주는 후배가 된다. '빚지고 못 산다.'는 말처럼 무언가를 받으면 주고 싶은 마음이 생기는 것이 인지상정이다. 이렇게 알게 모르게 무언가를 받던 상사는 나에게 'OK'를 주는 일에 인색해지지 않을 것이다.

### Main, 변화하는 포인트를 꼭 짚어라

일이 한창 진행되고 있을 때는 변화하는 포인트를 꼭 알려주어야

한다. 그래야 예상한 것과 다른 결과가 나타나더라도 당황하지 않는
다. 대부분 상사들이 '알아서 잘하겠지.'라고 생각하는데 여기서 말
하는 '알아서'의 주체는 내가 아니라 상사라는 것을 알아야 한다. 꼬
집어 말하면 '상사의 생각을 알아서 잘하겠지.'라는 의미다. 그래서
내 생각과 상사의 생각의 간극을 좁히는 기술이 꼭 필요하다. 꼭 공
식적인 회의나 보고 시간만 고집할 필요는 없다. 방향성을 합의하거
나 의견을 확인하는 시간은 1~2분이면 충분하다. 잠시 커피 타임을
외쳐도 좋고 이동하는 차 안도 좋다. 자연스럽게 이야기하는 것이 중
요하다.

특히 일의 흐름이 안 좋은 쪽으로 흘러가는 상황에서는 반드시 경
고를 해줘야 한다. 그래야 실패에 대한 마음의 준비를 할 수 있다. 한
임원이 중간보고의 의미를 말해준 적이 있다. 요즘 후배들은 중간보
고를 잘 안 한다며 그 좋은 걸 왜 안 하느냐고 말이다. 보고가 좋은
거라고? 처음에는 이상하다고 생각했지만 그 의미를 듣고 나니 고개
가 끄덕여졌다. 상사에게 보고를 한다는 의미는 '일에 대한 책임도
전가하는 것'이라고 말이다. 따라서 일이 실패해도 그 책임은 보고를
받는 사람에게 있다는 것이다. 상사에게 보고하는 순간 일의 무게도
가벼워지는 기술을 잘 활용하라는 의미다.

## Post, 결론을 만들어라

'썸 타기'의 마지막 기술은, 지금까지 주고받은 의견들을 종합해서 보고서를 쓰거나 구두로 보고할 때 '결론'을 만드는 일이다. 보고서를 쓸 때는 그 보고서의 최종 고객이 누군지 고려해야 한다. 보고서는 내가 작성하지만 이 보고서를 가지고 회의에 들어갈 상사를 위해 '그의 언어'로 표현해주어야 한다. 보고서도 일종의 글이라서 쓰는 사람의 냄새가 배게 마련이다. 사람마다 자주 쓰는 표현 방법, 문체, 용어가 있다. 내 상사가 보기 편하고 말하기 편한 표현으로 보고서를 만들어주는 것이 '썸 타기'의 마지막이자 또 다른 시작이다. 왜냐하면 이제 그도 그의 상사와 썸 타러 가야 하기 때문이다.

우리는 까마귀를 흉조라고 알고 있다. '까마귀 날자 배 떨어진다.'는 말처럼 뭔가 불길하고 안 좋은 일을 예고한다고 말이다. 그러나 신화 속에 등장하는 까마귀는 신령스러운 새로, 앞일을 예언하는 능력이 있다고 한다. 삼국유사에 나오는 까마귀는 왕을 인도하여 전쟁의 승리를 도왔고, 아랍인들은 까마귀를 '예언의 아버지'라고 부르며 한 해의 운세를 보기도 한다. 북유럽 신화에서는 신들의 왕 오딘의 상징으로 지혜와 기억을 나타낸다.

또한 '새대가리'는 멍청하다는 의미로 많이 쓰이지만 까마귀는 거기서 예외다. 최근 학자들의 연구 결과, 까마귀는 상당한 문제해결능력을 가지고 있는데, 인간으로 따지면 7세 정도의 지능을 가지고 있다고 한다. 즉 집단으로 문제를 해결하고 환경 변화에 적응해서 번식과 생태계 내의 주도권을 차지하고 있다는 측면에서 까마귀는 똑똑한 새라고 한다.

그날 아침 그렇게 울어대던 까마귀는 성공을 예견했던 것일까? 3개월 후 TF팀은 성공적인 결과를 남기고 해체되었다. 어쩌면 나에게 그 까마귀는 상사와의 '썸 타기'가 얼마나 중요한지 알려주려고 나타난 '지혜의 화신'이었는지 모른다. 분명한 건 상사와의 '썸'을 즐길 때 일의 결과도 즐거워진다는 사실이다.

'까마귀 날자 계 탔다!'

**전달 포인트 06**

☑ 상사와 썸 타기는 호감이 아니라 일이 있으면 시작하는 것이다.

☑ 연애는 썸 탈 때 설레지만 일은 썸을 잘 타야 설렌다.

☑ 상사와의 썸은 받는 것(take)부터 시작하는 게 아니라 주는 것(give)부터 시작해야 성공할 수 있는 게임이다. 과하다 싶을 정도로 줘야 마음의 3분의 1 정도가 전달된다.

**CHAPTER 3**

# 보고하기

☑ 나는 어떤 보고서를 만드는가?

☑ 한마디로 말할 수 있는가?

☑ 보고의 끝, 어디까지 보이나?

☑ 말하고, 쓰고, 행동할 수 있는가?

# 나는 어떤 보고서를 만드는가?

"노력 없이 쓰인 글은 대개 감흥 없이 읽힌다."
– 새뮤얼 존슨, 영국 시인

아직도 보고서를 쓸 때마다 주홍글씨처럼 생각나는 말이 있다. 한동안은 이 말 때문에 보고서 쓰기 울렁증에 시달리기도 했다. 신입 때부터 영업만 하던 나는 6년 만에 전략기획 부서로 발령이 났다. 새로운 부서에서 일한다는 들뜬 마음에 온통 잘 보이고 싶은 생각뿐이었다.

'어떻게 해야 첫인상을 잘 남길 수 있을까?' 이런 생각이 머릿속에 가득할 때 첫 임무가 떨어졌다. 첫 보고서를 통해 '나, 이 정도 되는 사람이야!'라고 보여주리라 마음먹고 온몸으로 밤을 불태웠다. 자정이 다 되어가는 시간, 당당하게 나의 첫 보고서를 상사의 책상에 올려놓고 퇴근했다. 다음 날 아침 출근하자마자 '수고했어.'라는 말을 기대한 나는 가슴이 콩닥거렸다. 그러나 그가 건네준 나의 보고서 표지에는 빨간 펜으로 아주 크게 한마디가 적혀 있었다. 약간 놀리는 듯한 비스듬한 동그라미 안에 적힌 "촌스러움"이라는 피드백.

'촌스러움'이라는 단어는 마치 블랙홀처럼 나의 영혼을 빨아들였다. 머릿속은 온통 까맣고 얼굴은 화끈거리고 답할 수 없는 질문들만 남겨졌다. '이건 무슨 의미인가? 나는 촌스러운 인간인가? 글이 촌스럽다는 건가? 어떤 부분이 구체적으로 촌스러운 거지?' 촌스럽다는 의미를 직접 묻는 것조차 힘들 만큼 자존심을 다쳤다. '보는 눈이 없어서 그런 거야. 쳇! 나의 어디를 보고 촌스러워!' 이런 생각으로도 쉽게 떨쳐지지 않았다.

그렇게 촌스러운 보고서가 덜 촌스러워지기까지는 3개월 정도의 시간이 걸렸다. 지금 생각해보면 난 그 단어에만 집착해서 상사가 말한 본질을 제대로 보지 못했던 것 같다. 지금은 그 보고서를 읽고 왜 그 상사가 그런 피드백을 했는지 이해할 수 있다. 나는 당시 그 부서의 보고 장르를 정확히 알지 못했던 것이다. 시간이 지나고 보니 당시 그 상사는 화려한 문체, 장황한 수식어를 싫어하는 '순수 사실파'였다. 그러니 내 보고서가 그에게는 이해가 안 될 수밖에…. '촌스럽다.'는 말은 곧 '이해가 안 된다.'는 말이었다.

"좋아하는 영화 장르가 뭐예요?" 처음 만난 남녀, 주로 소개팅 자리에서 말문을 틀 때 묻는 질문이다. 그 사람이 좋아하는 장르를 알게 되면 대충 그 사람의 취향을 알 수 있기 때문에 대화하기가 편해진다.

장르를 좋아한다는 의미는 무엇일까? 그 형식이 가지고 있는 소재, 구성 및 표현방법을 가장 잘 이해한다는 것 아닐까? 영화로 예를 들면 달콤한 로맨스 코미디나 드라마를 좋아하는 로맨티스트부터 심장을 오그라들게 하는 호러, 스릴러, 액션을 좋아하는 강심장파까지, 감동받고 이해하는 포인트가 서로 다르다.

그런데 영화에만 장르가 존재하는 것일까? 회사에서 작성하는 보고서들에도 장르가 있을까? 그때 손 번쩍 들고 누군가 말한다.

"보고서에도 장르가 있습니다. 워드냐, 파워포인트냐에 따라 완전 달라요!"

다르기는 하다. 그러나 위를 덮는 화장법이 달라진 것뿐이다. 여자들의 화장에 빗대자면 보송보송한 매트 화장에서 촉촉한 물광 화장으로 바뀌었을 뿐 그 아래에 있는 피부는 변하지 않는다. 우리가 흔하게 빠지는 오류는 만드는 형식을 바꾸면 달라 보일 것이라는 생각이다.

나의 지난 세월도 워드와 파워포인트 사이를 수도 없이 건너다녔다. 중장기 전략을 보고하던 날 부장님은 상무님 마음에 들 때까지

워드와 파워포인트를 무한 반복했다. 같은 내용을 워드로 보고했다가 아니라고 하면 파워포인트로 만들고, 또 아니라고 하면 다시 워드로 만들기를 되풀이했다. 어느 날 PC를 열어보니 같은 내용, 다른 형식의 보고서 버전이 0부터 23까지 간 적이 있었다. 그러다가 맥 빠지고 슬픈 일이 일어난다. 열심히 건너다닌 보람도 없이 최종 결정은 보고서 초안이 되기도 한다. 그러면 다짐한다. '다음엔 절대 이렇게 하지 말아야지!' 그러나 또다시 그 일을 반복하고 있는 것이 우리 모습이다.

## 장르를 결정하는 사람은 누구인가

어떻게 해야 강 건너기를 반복하지 않을 수 있을까? 핵심은 처음부터 잘 읽히는 보고서를 쓰는 것이다. 보고를 받는 사람이 읽기 좋고 받아들이기 쉬운 장르를 찾아야 한다. 보고를 받는 사람에 따라 줄거리, 구성, 표현방법이 달라져야 한다. 미스터리 호러를 좋아하는 상사에게 백날 로맨틱 코미디를 전달해봐야 보려고 하지도 않는다. 내 상사의 보고 장르를 빨리 파악할수록 나의 보고 시간은 빠르고 힘 있어진다.

암울한 대리 시절에 내가 올린 보고서를 다 보지도 않고 다시 써오라고 하는 상사가 있었다. 첫 장을 보고 "다시!" 또 "다시!"를 외치며 내 보고서를 던졌다. '이 사람이 도대체 왜 이러나? 날 싫어하나? 내 종이에서 냄새 나나?' 별 생각을 다 해보았는데도 답을 찾지 못했다. 그때 어느 선배의 한마디, "부장님은 한 장 이상은 안 읽어."

그때 알았다. 내 상사의 장르는 단편 영화라는 것을 말이다. 그다음부터는 긴 보고서도 '한 장 정리'부터 보여주고 흥미를 보이면 본론이 담긴 보고서를 내밀었다. 어떤 땐 보고서를 다 읽지도 않고 OK 사인이 떨어지고, 어떤 땐 곧바로 본론에 관해 토의하기도 했다. 보고서 버전을 많이 쓰지 않아도 통과가 잘되는 나는, 점점 승률 높은 타자가 되어갔다.

보고서를 쓰는 건 글쓰기와 다르다. 오죽하면 보고서 잘 쓰는 방법을 다룬 도서와 강연들이 존재할까? 그러나 슬프게도 보고서는 책으로 배울 수가 없다. 연애를 책으로 배운 모태솔로, 요리를 책으로 배운 오디션 참가자는 있을 수 있지만 보고서 잘 쓰는 방법은 내가 일하는 사무실에서만 배울 수 있다. 왜냐하면 잘 쓴다는 기준과 잘 통하는 장르를 결정하는 건 '내 보고서를 받는 사람'이기 때문이다. 그들이 없는 곳에선 절대 배울 수 없다.

## 상대가 좋아하는 보고서 장르를 찾아라

보고서 장르는 어떻게 파악할 것인가? 상사의 보고서 장르를 소개하는 친절한 오리엔테이션이 있을 거란 기대는 처음부터 하지 말자. 상사 자신도 자신의 장르가 무엇인지 모르는 경우가 많다. 그렇다고 궁예의 관심법(關心法)으로 마음을 꿰뚫어볼 수도 없다. 우리에게는 상대의 마음을 보는 능력은 없지만, 그 대신 관찰할 수 있는 눈과 엿들을 수 있는 귀가 있다.

### 관찰하기

상사는 우리에게 적어도 매일 8시간 이상 노출되어 있다. 사무실에서 그의 모습은 늘 관찰 대상이다. 다른 사람에게 칭찬할 땐 언제인지, 문책할 땐 이유가 무엇인지, 어떤 보고서에 기뻐하고 화내는지, 언제 좋아하고 힘들어하는지는 조금만 관심을 가지면 알 수 있다. 지금까지 그냥 흘려보냈다면 딱 일주일만 이 질문을 품고 상사를 보길 바란다. 분명 다시 보일 것이다. '상사는 어떤 보고서를 좋아했는가?' 그리고 다음과 같은 질문들로 가지를 쳐보자.

보고서에서 정보를 원하는가? 아이디어를 원하는가?

어떤 문제를 해결하길 원하는가?

수치를 원하는가? 개념을 원하는가?

긍정적인 결과를 원하는가? 문제점을 원하는가?

나와 함께 고민하는 일원이 되고 싶은가? 결론만 듣길 원하는가?

## 사냥하기

학교 다닐 때 '커닝'은 나쁜 행동이라고 배웠다. 내가 노력하지 않고 남의 것을 훔치는 행동이기 때문이다. 그러나 보고서를 잘 쓰는 가장 빠른 방법이 커닝이다. 잘 쓰고 칭찬받은 보고서의 형식이 바로 상사가 좋아하는 장르이기 때문이다.

나는 늘 새로운 부서로 발령이 나면 보고서 사냥을 나섰다. 같은 회사라고 해도 부서마다, 상황마다 보고서 스타일이 조금씩 다르기 때문이다. 부서에서 잘되었다고 칭찬받은 보고서들을 수소문하여 별도 폴더에 모아 읽어본다. 생각보다 이런 보고서들을 얻는 것도 매우 어려운데, 그럴 땐 세상에서 가장 낮게 핀 풀과 같은 자세로 접근해야 한다.

"과장님이 보고서의 고수시라고 들었습니다. 한 수 배울 수 있을까요?"

장르를 구분하는 일은 글을 쓴 사람의 생각의 흐름과 표현하는 방법에 따라 달라진다. 사실 보고서는 함축된 표현이 많아서 배경 지식이 없거나 새로운 사람이 읽으면 수박 겉핥기처럼 되고 만다. 그래서 읽다가 모르는 것이 나오면 작성자나 관련자에게 반드시 내용을 확인하면서 장르를 구분해야 한다. 그리고 꼭 숨겨진 이야기를 물어보자. 보고서에 나타나 있지는 않지만 문장과 문장 사이에 숨어 있는 의미까지 파악해야 '진짜' 아는 것이다. 그렇게 정보 사냥을 하려면

이끌든지 따르든지 비키든지

각종 커피값, 밥값, 술값 정도는 기꺼이 투자할 수 있어야 한다.

장르를 분석하다 보면 자연스럽게 작성자의 의도와 당시 상황을 알게 되고 생각보다 많은 정보를 습득하는 부수적인 효과도 있다. 이때 빼놓지 말고 꼭 확인해야 할 일은 그 보고서가 어떻게 결론이 났는지를 보는 것이다. 보고서는 대부분 시리즈가 많은데, 그 업무를 시작할 때 작성된 보고서와 중간 보고서, 최종 결과까지 다 읽어야 전체 일의 흐름을 꿰뚫어볼 수 있다.

이렇게 장르를 구분하여 습득한 보고서들은 잘 보관해두었다가 일이 떨어지면 유사한 상황에서 가장 잘 통했던 보고서 장르를 꺼내어 활용하면 된다. 순수 창작보다는 훨씬 통과 승률이 높아질 것이다. 주의할 사항은 보고서 내용을 그대로 쓰지 말고 장르를 참고하는 정도로만 활용하는 것이다.

### 따라 쓰기

백견이 불여일행(百見不如一行)이다. 잘된 장르의 예시들을 공부할 때는 읽는 것만으로는 부족하다. 그대로 써봐야 한다. 보고서 장르는 구성, 단어, 작성 양식, 폰트, 자간 등 많은 요인에 의해서 결정된다. 단순히 읽기만 해서는 제대로 체득하기가 어렵다. 반드시 그대로 따라 써봐야 한다. 자존심도 없이 필사를 해야 하느냐고 발끈할 수도 있지만, 나만의 창의력을 발휘할 기회는 그 뒤에 얼마든지 온다. 지금은 일단 따라 하자.

## 보고서 구성하기

보고서에도 감동이 필요하다. 왜 갑자기 보고서에서 감동을 말하는가? 상대방을 설득해야 한다는 의미에서 감동이 필요하다. 상대방을 설득하려면 내가 준 내용에 감동이 있어야 한다. 가슴으로 하는 감동이 아닌 그의 머리를 흔드는 감동 말이다. 그렇다면 감동적인 보고서를 만들기 위한 조건은 무엇일까?

### 드라마가 아니라 다큐멘터리다

문체는 매우 건조하고 현실적으로 써야 한다. 유려한 문체가 필요한 건 문학이지 보고서가 아니다. 가장 피해야 할 것이 은유, 비유 등 문장을 꾸미려고 하는 시도다. 빼고 또 빼고, 뺄 수 있는 만큼 수식을 다 빼도 내용이 전달되는지 보면 된다. 나는 주로 초고를 쓰고 나서 계속 빼기를 하는 방법을 쓴다. 어느 날은 보고서를 통째로 지운 기억도 있다. 방금 세수하고 나온 민낯으로 써내려간다고 생각하면 좋다.

### 머리를 흔들어야 한다

상대방의 논리적 흐름이 끊기지 않는 구성을 해야 한다. 주의할 점은 사람마다 사유의 흐름이 다르다는 것이다. 목적을 먼저 생각하는 사람이 있고, 배경을 먼저 생각하는 사람이 있다. 그리고 일의 특성에 따라 잘 보이는 목차가 있다. 목차를 고르는 방정식을 풀 때는 '상황×상사=목차'라고 생각하면 된다. 몇 번 작성된 목차는 기본 목차로 만들고, 큰 이변이 없다면 그 흐름을 쭉 이어나가는 것이 좋다. 예를 들면 다음과 같이 나눌 수 있다.

### 상황별 논리적 흐름

- 시작하는 계기가 중요한 경우(경영진 topdown): 배경→현황→목적 →제안

- 개선이 필요한 과제, 위기 발생: 문제점→목적→제안

- 새로운 프로젝트, TF팀 과제: 벤치마킹, 환경 분석에서 시사점 도출 →제안

### 상사 유형별 논리적 흐름

- 결론을 좋아하는 상사: 해결방안/결론→별첨(배경 및 현황)

- 중간 과정을 중요하게 생각하는 상사: 배경→현황→목적→제안

- 새로운 것, 흥미로운 것에 가치를 두는 상사: 시사점 도출→제안

상사의 머리를 흔들기 위해서는 상사가 몰랐던 새로움(단어, 개념)

이나 상사보다 더 깊게 고민한 논문 수준의 디테일이 있어야 한다. 그러려면 시간과 노력을 투자해야 한다.

### 한 방을 만들어야 한다

보고서는 다 읽지 않아도 느낌을 줄 수 있어야 한다. 그 느낌은 제목에서 만들 수도 있고, 전체 개념을 설명하는 한 문장 또는 한 단어에서 만들 수도 있다. 보고서를 열어 읽지 않아도 그 한 문장으로 표현할 수 있다면 절반은 성공했다고 볼 수 있다. 보고서를 쓰는 능력도 중요하지만 보고서의 개념을 표현할 수 있는 브랜딩 능력이 가미되면 더욱 강력한 보고서가 된다.

일하기도 바쁜데 준비할 것이 너무 많다, 그럴 시간 없다, 그만한 여유가 없다고 말할 수도 있다. 상사가 좋아하지 않는 장르 때문에 깨지고 수정하는 시간을 반복할 것인지, 일정 시간과 노력을 투자하여 사전에 깨짐을 방지하는 시스템을 구축할 것인지는 스스로 선택할 수 있다. 어느 쪽이 '살길'인지에 대한 계산은 여러분 자신에게 맡긴다.

보고서 울렁증은 한 번으로 끝나지 않는다. 대부분 큰 깨짐 이후에는 '트라우마'가 따라온다. 빨리 극복하지 않으면 영원히 그 터널에서 나올 수 없는 무서운 병이다. 만약 지금 큰 상처를 입었다면 되도록 빨리 성공을 경험해야 한다. 그리고 언제나 그 승률을 유지하기 위해 대비하며 움직이는 것이 중요하다. 그때 필요한 일이 보고를 받는 사람이 좋아하는 장르를 파악하는 것이다.

- ☑ 시대를 초월한 예술 작품은 시간이 지나서 그 가치를 인정받기도 하지만, 상대를 무시한 보고서는 내 하드에서 영원히 잠잘 뿐이다.
- ☑ 두 사람의 궁합이 잘 맞아야 감동적인 보고서가 완성된다. 보고서 장르를 결정하는 상사, 그리고 감동을 만드는 나 자신이다.

# 한마디로
# 말할 수 있는가?

"일단 생각을 단순하게 만들 수 있는 단계에 도달하면 산도 움직일 수 있다."

-스티브 잡스, 전 애플 CEO

직장에서는 위로 올라갈수록 결정할 일도, 기억해야 할 것도 많아
진다. 피라미드처럼 생긴 조직 특성상, 승진한다는 의미는 그 단계
아래에 있는 사람들의 일과 책임도 본인이 짊어져야 할 무게가 된다
는 것이다. 예를 들면 신입사원은 자기 일만 잘해도 기특하다. 과장
은 한두 명만 더 챙기면 된다. 그리고 차장, 부장, 또는 한 팀을 맡게
되는 팀장으로 올라갈수록 더 이상 자기 일뿐 아니라 부하의 일을
챙기는 것도 내 일의 한 부분이 된다. 그렇다 보니 기억해야 할 것이
기하급수적으로 늘어난다. 심지어 늘어난 직원들의 이름을 외우는

일도 힘들어진다. 생각해보면 늘 이름을 바꿔 부르는 상사가 있었는데, 그들에게 그런 고충이 있었던 것이다.

상위 직급으로 올라갈수록 받는 보고도 많아지고 기억해야 할 내용, 숫자들이 넘쳐난다. 그런데 신은 우리에게 기억하는 능력을 갈수록 좋아지게 만들지 않았다. 우리의 기억력은 십 대를 넘어서는 순간부터 점점 감퇴한다. 그래서 평균적으로 상사들은 두 가지 중 하나를 선택했다.

첫째, 본인 대신 기억해줄 기억 저장소 역할을 하는 사람을 만들어놓고 필요할 때마다 물어보는 '무엇이든 물어보는 형'이다. 이런 상사들의 특징은 컴퓨터 하드가 아주 깨끗하다는 것이다. 정말 소름 끼칠 정도로 아무것도 없이 깨끗하다. 저장 기능은 자신이 아닌 부하의 것을 이용하기 때문이다. 만약 하루에도 몇 번씩 본인의 이름이 사무실에 울려 퍼진다면 자신이 바로 그 '하드'라고 보면 된다.

둘째, 기억나는 일 외에는 깨끗이 지워버리는 '내 머릿속 지우개 형'이다. 이런 상사들은 부하에게 신경성 위염을 유발하는 대표적인 사람들이다. "내가 언제?", "그걸 왜 이제 말해?" 등 각종 억울한 말을 주로 하는 유형이다. 그에게는 곧바로 필요한 따끈한 보고 내용 또는 윗사람이 찾는 일이 기억해야 할 우선순위다. 그 이외의 정보들은 정말이지 깨끗하게 지우고 사는 종족이다.

상황이 이렇다고 해서 상사만을 탓할 수는 없다. 앞서 언급했듯 상사는 한 명이고 보고하는 사람은 많다. 보고할 때는 영화에 나오는 멋진 싸움 장면처럼 한 번에 한 명씩 덤비지 않는다. 어떤 경우에는 한 번에 두세 명이 한꺼번에 덤비기도 하고, 하루에 적어도 열 건이 넘는 사람이나 일을 상대해야 하는 것이 상사들의 고충이다. 아무리 싸움의 고수라고 해도 떼싸움엔 장사 없다.

상사가 자신의 기억 능력을 초과하는 순간 피해를 보는 사람은 잊히는 보고를 한 부하다. 내가 하는 보고가 잘 이해되지 않거나 중요하지 않다고 판단되는 순간 상사의 머릿속에선 이미 사라졌기 때문이다. 그 순간 일 처리가 미뤄질 뿐 아니라 그 보고는 이해될 때까지 '무한 반복'이라는 루프를 타게 된다. 그 루프를 자주 돌면 일 못하는 무능력한 사람으로 기억된다. 그리고 그렇게 한 번 상사의 머릿속에 저장된 '무능함'이라는 이미지는 슬프게도 쉽게 지워지지 않는다.

기억에 남는 보고를 해야 하는 이유가 바로 여기에 있다. 기억에 남으려면 어떻게 해야 하는가? 답은 아주 간단하다.

기억하고 싶을 만큼 가치가 있거나
기억하기 싫어도 자연스럽게 떠오를 정도로 쉬워야 한다.

이끌든지 따르든지 비키든지

## 보고서의 핵심 만들기

아무리 좋은 글도 시간이 지나면 기억이 가물가물하다. 그러나 강력한 한마디 또는 한 단어는 세상을 바꾸기도 한다. 스티브 잡스가 말한 'think different'는 애플이라는 회사를 넘어 사람들의 생활을 바꾸었다. 어떻게 한 단어가 그런 힘을 가지게 되는 것일까? 그건 그 단어가 말하고자 하는 핵심이 그만큼 힘이 있기 때문이다. 핵심은 나의 의도와 생각을 가장 쉽고 간단하게 표현하는 것이다. 동시에 다른 사람들의 동의를 이끌어내는 힘을 지니고 있다. 그렇다면 재미없고 지루한 보고서의 핵심은 누군가에게 어떻게 남을 것인가?

### 관점을 전환하라

누가 핵심을 정하는가? 받는 사람이라고 생각해야 한다. 받는 사람 입장에서 보고서를 쓰면 전달하기가 한결 쉽다. 관점을 바꾸는 질문을 활용해서 초안을 잡고 보고서를 작성해보자.

- 상사는 무엇을 말하고(듣고) 싶어할까?
- 상사가 모르는 것(새로운 것)은 무엇일까?
- 상사가 자랑하고(보여주고) 싶어하는 성과는 무엇일까?
- 어떻게 해야 상사가 돋보일 수 있을까?

## 쉽게 더 쉽게

핵심은 우리가 생각하는 것보다 더 쉬워야 한다. 처음 들었을 때 부연설명이 필요하면 그건 핵심이 아니다. 성철 스님은 자신의 수행의 마지막 길에 "산은 산이요 물은 물이로다."라는 말을 남겼다. 이 문장 자체를 이해하지 못하는 사람은 없다. 그러나 그 문장 속에는 깊은 깨달음이 포함되어 있다. 도를 깨친 큰스님들은 굳이 어렵게 말하지 않는다. 덜 익은 과일이 떫고 시듯 제대로 작성되지 못한 보고서가 이해하기 어려운 법이다. 상사를 세 살 아이라고 생각하고 쉬운 단어로 바꾸는 것부터 시작해야 한다.

## 최종 결론

핵심이란 그 보고서의 결론(result)을 말한다. 당연한 이야기 같지만, 가끔 결론이 아니라 서론, 본론의 어딘가를 핵심으로 만드는 오류를 범한다. 보고의 종류에 따라 다르지만 보고하는 단계에서 결론을 핵심 메시지로 만들어줘야 한다. 보고하는 종류에 따라 전달하는 핵심 메시지도 달라진다.

- 자료 조사: 상사가 몰랐거나 새롭게 발견한 내용을 메시지로 만들기
- 상황 보고: 우리에게 유리한 상황인지, 불리한 상황인지에 대한 의견 만들기

- 가능성 검토 : 성공 가능성 수준을 명확한 숫자로 제시하기
- 의사 결정 : Yes 또는 No를 결정할 수 있도록 가이드 만들기
- 전략 기획 : 방향성을 함축하는 슬로건 만들기

### 지워야 보인다

하는 것보다 지우는 것이 중요한 건 비단 화장뿐만이 아니다. 보고서도 쓰는 것보다 지우고 나서 무엇이 남는지를 잘 봐야 한다. 화장을 지우고 나면 잡티, 주름 등 보이고 싶지 않은 숨겨진 밑바탕이 드러난다. 보고서도 밑바탕이 튼튼한지, 쓸 만한지 보려면 걷어내봐야 한다.

보고서를 작성하다 보면 원 보고서를 쓰고 대상에 따라 요약 보고서를 재작성할 때가 있는데, 이때 핵심 메시지를 남기는 능력이 필요하다. 그럴 때 핵심만 다시 쓰는 방법도 있지만 핵심 메시지가 모호할 때는 본 보고서를 지우는 연습이 유용하다.

먼저 지워야 할 것과 남겨야 할 것을 구분해야 한다. 대표적으로 지워야 할 대상은 꾸미기 역할을 하는 것들인데, '떡칠 화장'의 주범이라고 할 수 있다. 과도한 수식어, 어울리지 않는 표현, 중복 내용, 어설프게 확인한 내용 또는 미확인 내용들이다. 반면 반드시 남겨야 할 것은 상사가 궁금해할 내용, 새로운 가치를 발견한 것, 확실하게 검증된 내용들이다.

- 분량은 A4 한 장(폰트 14)만 남기고 지운다.

- 서론, 본론, 결론을 한 단락씩 남긴다.

- 본론의 항목 수는 3개를 넘지 않는다.

- 각 항목은 한 행 안에 끝낸다.

- 본론의 항목들을 합쳐서 한 문장으로 만든다.

- 서론, 본론, 결론을 한 문장씩 남긴다.

- 결론을 표현할 수 있는 한 단어만 남긴다.

- 함축한 내용을 표현하는 단어를 새롭게 만들어도 좋다.


이렇게 지우다가 10장 넘게 쓴 보고서를 다 지워본 적도 있다. 그때 깨달았다. 쓴 내용이 모두 지워졌다면 난 핵심을 만들지 못한 것이다.

보고서를 요약하고 지우는 방법은 다양하다. 그중 내가 애용하는 방법은 화장을 지우는 방법과 비슷하다. 1차로 색조 화장을 클렌징 크림으로 지우고, 2차로 클렌징 폼으로 세안하는 것과 같다. 물론 이 단계에 익숙해지면 두 단계를 한 번에 해결할 수도 있을 것이다. 우선 과거에 쓴 보고서를 하나 꺼내서 지우고 또 지우면서 나중에 무엇이 남는지 살펴보자.

☑ 상사의 귀는 잘 들리는 보고서에 더 잘 열린다. 쉽고 간단한 핵심 메시지를 만들 어야 한다.

☑ 한마디로 설명할 수 없다면 다 지우고 다시 만드는 것이 빠르다.

☑ 쉽게 전달하려면 가벼운 보고서를 써라. 보고서를 무겁게 만드는 군살을 제거하 는 데 익숙해져야 한다.

# 보고의 끝,
# 어디까지 보이나?

"길을 걸어가려면 어디로 향하고 있는지 알아야 한다.
합리적이고 선량한 삶을 영위하려는 경우도 마찬가지다.
자기와 타인의 생활을 어디로 이끌고 가는지를 알아야 한다."
– 톨스토이, 러시아 소설가

초등학생 시절에 안경 쓴 친구들을 보면 그렇게 똑똑하고 폼 나보일 수 없었다. 그래서였을까? 당시 내 소원도 멋진 안경을 쓰는 일이었다. 일주일 정도 엄마 꽁무니를 졸졸 따라다니며 안경을 맞춰달라고 애원한 기억이 난다. 그럴 때마다 엄마는 "안경은 눈이 안 좋은 사람들이 쓰는 거야. 넌 양쪽 눈이 2.0인데 왜 안경을 쓰려고 해! 안돼!"라고 단호히 말씀하셨다. 엄마의 그런 태도가 너무나 야속했던 나는 '어떤 방법을 써야 안경을 쓸 수 있을까?'를 곰곰 생각했다.

그러다가 엄마의 말 속에서 답을 찾았다. '시력이 나쁘면 안경을 쓴다고? 시력이 안 좋아지면 안경을 쓸 수 있는 거구나! 시력을 나쁘게 만들어야겠다!' 지금 생각하면 참 어이없고 황당한 결심이지만 당시 나는 모든 방법을 동원했다. 텔레비전은 브라운관 안으로 들어갈 듯 가까이에서 보고 틈날 때마다 형광등을 노려보았다. 그렇게 한 달 정도 시간이 지났을까? 필사적으로 노력한 결과 정말 눈앞이 조금씩 흐릿해졌고 결국 안경을 쓰게 되었다.

그 후로 오랫동안, 참으로 지긋지긋하게 안경을 쓰고 있다. 이제는 벗고 싶어도 벗을 수가 없다. 안경 없이는 바로 앞에 있는 사람의 눈, 코, 입도 잘 안 보일 정도로 심각한 근시이기 때문이다. 내가 쓰고 싶었던 건 안경 렌즈가 아니라 안경테였는데…. 안경 자체를 쓰고 싶었던 게 아니라 똑똑해 보이고 싶었다는 걸 진작 알았다면 오늘 겪는 이 불편은 없었을 것이다.


## 일의 근시

어리석은 안경 스토리와 비슷한 경우를 일을 하면서도 발견할 수 있다. 일을 할 때도 시력이 존재한다. 일을 본격적으로 시작하기 전 준비단계에서 일이 끝났을 때의 결과를 예측할 수 있는 능력, 이것을 '일의 시력'이라고 할 수 있다. 이 시력은 일을 처음에 누구와 어떻게 시작했는가와 자신에게 익숙한 패턴에 따라 결정된다. 건강한 '일의 시력'을 가진 사람일수록 일을 잘하는 건 당연한 이치다.

눈과 일의 시력이 가진 공통점은 한 번 나빠지면 되돌리기 어렵다는 것이다. 내가 자초한 근시는 평생 불편함을 유발하는 존재다. 운동할 땐 흐르는 땀 때문에 콘택트렌즈를 껴야 하고, 갈수록 두꺼워지는 렌즈 두께 때문에 애써 한 눈 화장도 티가 잘 안 난다. 안경이 패션 스타일과 맞지 않아서 고민일 때가 많고, 멀리 있는 게 잘 보이지 않아 눈을 찌푸리는 통에 눈가 주름도 더 느는 것만 같다.

멀리 있는 것이 잘 안 보이는 근시 현상은 일을 하는 방식에서도 나타난다. 일을 할 때 프로세스로 예를 들어보자. 일을 '받는다.' → 일을 '한다.' → 시킨 사람에게 '보고한다.' → 피드백을 '받는다.' → 다시 그 일을 준 사람에게 '보고한다.' 일을 시킨 사람의 OK 사인이 떨어질 때까지 이 프로세스는 '구간반복'을 한다. 이 구간반복을 줄이기 위해서는 시킨 사람의 마음을 간파하면 80%, 그가 미처 생각하지 못한 미충족 욕구(unmet needs)까지 충족시켜주면 100% 정확하게 일을 마칠 수 있다.

그런데 일은 거기서 끝나지 않는다는 데 숨겨진 리스크가 있다. 회사를 다닌 사람이라면 한 번쯤 경험하는 순간이 있다. 기분 좋게 보고를 마치고 상사도 OK를 외치고 난 뒤 한숨 돌리고 있는데, 그 자료를 가지고 회의를 다녀오거나 보고를 하고 온 상사의 태도가 180도 돌변하는 경우다. 불과 얼마 전에는 수고했다며 어깨를 두드려주더니 지금은 금방이라도 잡아먹을 듯한 기세로 다시 하라며 소리를 지른다.

'뭐지? 내가 잘못한 게 도대체 뭐야?'


## 어딜 가도 돌아이는 있다

처음에는 그런 상사들이 이해가 되질 않았다. 종잡을 수 없는 태도에 무섭기까지 했다. 기억상실증인가? 그 안에 다중 인격이 있는 걸까? 그동안 돌변하는 그의 태도를 상사의 성격적 결함으로 치부해버렸다. 그래서일까? 상사들의 별명 중에는 돌아이, 돌연변이 등 '돌'로 시작하는 경우가 많다. 이는 나만의 문제가 아니란 신호다.

상사가 바뀌고도 그런 일은 종종 일어났다. 옆 부서에서도, 그 옆 부서에서도 이따금씩 돌변하는 상사들은 목격되었다. 그렇다고 해서 '나만 그런 것이 아니었구나!', '상사들은 원래 그런 것이다.'라고 규정짓는 건 위험한 일이다. 사람이 그런 것이 아니라 상황이 문제인 경우가 종종 있기 때문이다. 이 부분이 바로 일의 근시가 발생하는 순간이다.

돌연변이 상사의 문제가 '그'가 아니라 '상황'이 원인일 수 있다는 걸 우연히 배석한 고위 경영진 회의에서 확인할 수 있었다. 그리고 그 '상황'이란 놈을 이해하기 시작했다. 상황은 대충 이러했다. 상사는 회의가 시작되기 전까지 보고서를 정독하고 있었다. 연이어 회의가 시작되고 그 자리의 가장 높은 직급이 내용을 물어보기도 하고 논의하기도 하는 시간이 이어졌다.

그런데 계속해서 내 휴대폰으로 문제 메시지가 들어왔다. '지금 말씀하시는 내용이 뭐지?', '보고서 10페이지의 ○○라는 수준이 몇 %지?' 등등 메시지에 답하면서 귀찮다는 생각보다는 미안한 마음이 들면서 마음이 복잡해졌다. '표 내용을 좀 더 자세하게 작성할걸.', '숫자를 좀 더 강화할걸.', '과거 실적을 첨부로 넣을걸'….

우리가 중요하다고 생각한 것이 항상 경영진의 생각과 일치하지는 않는다는 걸 알았다. 부서에서 작성한 보고서가 회의에서 활용된 건 50% 정도였다. 위태위태한 순간을 몇 번 넘기고 사무실로 돌아가는 추운 겨울날, 손수건으로 연신 땀을 닦는 상사에게 미안하다는 말을 건넬 수밖에 없었다. '이래서 돌변하는 거였구나!'

## 피할 수 없는 일의 근시

'가족 오락관'이라는 TV 프로그램에서 인기 있는 게임이 있다. '고요 속의 외침'이란 게임인데, 시끄러운 음악이 나오는 헤드폰을 낀 사람이 입 모양으로만 전해주는 단어를 알아맞히는 릴레이 게임이다. 일렬로 서서 처음에 시작한 사람과 마지막 사람이 말하는 단어가 똑같아야 이기는 게임인데, 제대로 맞히는 법이 거의 없다. 단어가 어떻게 변하는지 그 '변태(變態)'를 즐기는 게임이다. 예를 들면, 군고구마가 국군방송이 되기도 하고, 옹기종기가 좀비로 나타난다.

- 군고구마 → 그 고구마 → 듣고말고 → 국군방송
- 옹기종기 → 오키도키 → 옹기좀비

우리가 전달하는 보고서도 이 게임의 결과와 비슷할 수 있다. 초안을 작성하는 사원은 자신의 눈높이에서 표현할 수 있는 내용과 단어를 쓴다. 그 위의 과장, 차장은 자신의 눈높이로 해석해서 그 위에 전달한다. 그 과정에서 본인이 잘 모르는 건 뛰어넘고, 자신 있는 내용은 강조하는 일이 생긴다. 어쩌면 이런 단계를 거치면 거칠수록 보고하는 사람의 전달 수준, 보고를 받는 사람들의 이해 수준에 따라 보고서 왜곡은 계속된다.

최종 보고를 받는 사람은 같은 보고서지만 다른 내용을 보고받을 수도 있다. 그래서 그 일을 시킨 사람만 보고 내용을 작성하면 '일의 근시'가 생길 수 있다. 최종 보고를 받는 사람을 고려하지 않으면 흔히 나타나는 오류다. '일의 근시'를 탈출하기 위해 꾸준히 노력해야 돌연변이 출현을 막을 수 있다.

## 근시 보고 예방법

세상 모든 병이 그러하듯 나빠진 것을 좋게 되돌리는 일보다는 예방이 더 쉽고 중요하다. 예방은 보고를 하는 사람, 보고를 받는 사람 모두에게 해당된다. 먼저 일을 시키는 사람은 자신이 보고서를 전달할 상사의 의도와 생각을 읽고 부하직원에게 일을 시켜야 한다. 보고를 받는 사람의 눈높이와 니즈를 중심으로 가이드라인을 주고 방향을 설정해야 한다.

그러면 그 일을 받는 사람은 어떻게 해야 할까? 보고를 받는 최종 상사를 염두에 두고 보고서를 써야 한다. 말은 쉽지만 어려운 일이다. 직급, 나이, 경험도 달리는 상황에서 경영진의 눈높이를 가지라고 강요하는 건 억지다. 어쩌면 불가능할지도 모르지만, 방법이 아주 없는 건 아니다.

### 경영진으로 빙의하기

입사 5년 차에 나는 최고 경영층의 메시지 초안을 쓰는 일을 했었다. 나에게 주어진 숙제는 '어떻게 30년 이상의 격차를 극복하는가?'였다. 글을 쓸 때 나는 대리가 아니라 CEO라고 생각하고 고민하며 한 자씩 써내려가야 한다고 한 선배가 말해주었다. 유치하고 우습지만 실제로 글쓰기를 시작하기 전에 '나는 CEO다. 나는 CEO다.'라며 자기최면을 걸었다.

이끌든지 따르든지 비키든지

다음으로 패턴을 읽는 것이 중요하다. 쓰는 단어, 말하는 특징, 주요 관심사 등을 파악하여 패턴을 만든다. 이를 위해 CEO가 참석한 모든 회의 자료를 거의 외우다시피 했다. 열 번 이상 읽자 맥락이 보이고 글감이 될 만한 단어들이 마법처럼 떠올랐다. 대부분 바쁘다는 이유로 회의록 공유를 열어보지 않거나 '읽으면 좋은 말이겠지!' 하고 그냥 넘어가는 경우가 많다. 그러나 한 문장씩 곱씹어 읽어보면 회사가 중요하게 생각하는 이슈, 방향, 흐름을 알 수 있다. 이는 우리가 신문을 읽고 책을 읽는 이유와도 같다.

나는 직급도 낮고 나이도 어리니 잘 모르는 것이 당연하다. 그렇다고 해서 내게 아직 그 정도를 요구하지 말라고 하는 건 '나는 유능하고 싶지 않아요.'라고 말하는 거나 다름없다. 내 일과 관련 없는 회의록이 도움이 될 때도 있고 각종 트렌드 조사 자료, 전략 공유 자료 등 회사를 읽을 수 있는 '거리'는 조금만 발품을 팔면 얻을 수 있다.

이렇게 조금씩 '일의 시력'을 좋게 만들면 비록 말단 직원이어도 회사의 경영진과 늘 같은 생각을 할 수 있게 된다. 그렇게 관점을 키우는 연습을 하면 내가 하는 일의 질도 높아진다. 동료들과 직급은 같아도 체급이 달라지는 것이다.

**커닝 페이퍼를 준비하라**

일하는 데 있어 근시를 탈출하면 보고를 마친 뒤가 참 편해진다.

보고를 받은 상사부터 그 위의 상사까지 한 번에 고속도로로 가느냐, 굽이굽이 국도로 가느냐의 차이를 확연히 느낄 수 있을 것이다. 그 길을 좀 더 편하게 가기 위한 몇 가지 팁을 공유하고자 한다.

일을 잘하는 사람은 일의 시력이 좋은 것은 기본이고 그 잘 보이는 시력으로 보고를 마친 뒤까지 미리 준비하여 상사를 완전무장시킨다. 보고서를 썼다 하면 거의 수정할 게 없는 전설적인 선배가 있었다. 그 선배의 전략은 상사에게 커닝 페이퍼를 만들어주는 것이었다. 무슨 시험을 보러 가는 것도 아닌데 커닝 페이퍼라니!

보고할 때 커닝 페이퍼는 시험 볼 때의 것처럼 나쁜 의도로 작성된 것이 아니다. 상사의 보고를 준비하는 매우 현명한 방법이다. 상사가 받게 될 예상 질문, 완벽히 이해되지 않은 내용, 발음이 어렵거나 외워지지 않는 용어나 지표 등 상사의 취약점을 보완해서 최종 고객에게 제대로 전달하기 위한 안전장치다.

커닝 페이퍼를 만드는 방법은 상사의 약점에 따라 달라질 수 있다. 보고 내용을 전달하면서 모를 수 있는 내용이나 연관된 숫자들을 수첩 크기의 종이에 준비해준다. 숫자 외우기가 약한 사람에게는 관련 숫자들을 적어주고, 고급 용어와 이론에 약한 사람에게는 그 내용을 풀어서 정리해주기도 한다. 자신이 직접 쓰지 않은 보고서를 100% 소화해서 다시 전달하는 일은 쉽지 않다. 그걸 잘하는 것은 상사의 몫이지만 그걸 잘하도록 도와주는 것은 부하의 몫이다. 그 선배는 늘 상사를 그렇게 무장시켜서 전장에 내보냈기에 보고서 통과율이 매우 높았다.

일 잘하는 방법을 말할 때 흔히 큰 그림을 그리라거나 중장기적 관점을 가지라는 조언을 많이 듣는다. 그런데 뭔가 보여야 그리거나 가질 것이 아닌가? 그래서 멀리 보는 연습이 필요하다. 일의 시력을 좋게 만드는 '보기 연습'이 잘되면 그에 따라 능력도 자연스럽게 생겨날 수 있다.

일이 제대로 전달되기를 바란다면 내 일이 전달되는 맨 끝을 생각하자. 지금 내 눈앞에서 보고를 받는 사람이 이 일의 끝이 아닌 경우가 많다. 내 앞에 있는 장애물 너머에서 기다리고 있을 최종 결정자를 떠올리며 그가 흡족해할 만한 무결점 보고서를 만드는 일에 초점을 맞추어야 한다.

**전달 포인트 09**

☑ 내가 어디까지 볼 수 있느냐가 어디까지 갈 수 있는지를 결정한다.

☑ 일의 시력은 눈과 달리 쓸수록 좋아지는 특성이 있다.

☑ 내 일을 전달받는 내 상사가 잘돼야 나도 잘되는 간단한 논리를 잊지 말자.

☑ 상사를 무장시켜서 승리하는 방법을 시도해보자.

# 말하고, 쓰고, 행동할 수 있는가?

> "인생은 초콜릿 상자와 같단다. 실제로 먹어보기 전까지는 어떤 맛이 걸릴지 몰라."
>
> – 영화 '포레스트 검프' 중에서

선거철이 돌아올 때마다 정치인들한테 한 아름 받는 선물이 있다. 바로 그들이 내놓는 '공약'이다. 팸플릿, 포스터마다 빽빽하게 적혀 있는 공약들을 꼼꼼하게 읽어본 적이 있는가? 읽다 보면 씁쓸한 사실을 발견하게 되는데, 그 공약들이 몇 년 동안 똑같거나 정당과 사람 차이 없이 천편일률적이라는 사실이다. 이젠 사람들도 공약이라는 게 지키려고 내거는 것이 아니라 포스터를 예쁘게 만드는 글자 디자인 요소 정도로 생각할지도 모른다. '말'은 있지만 '행동'은 없는 것이다.

실행은 그만큼 어려운 일인지도 모른다. '세상에서 가장 먼 거리는 머리에서 가슴까지'란 말이 있듯이 생각을 실천하기 위해서는 '용기', '체력', '끈기' 등 필요한 것이 많다. 그리고 예상하지 못한 변수들이 튀어나와 어려움이 늘어나기도 한다. 그래서 어떤 일을 할 때는 말보다 실행할 것을 염두에 두고 시작하는 것이 현명하다.

## 실행 가능한가

한참 일을 하다 보면 내가 일을 하는 건지, 일이 나를 끌고 가는 건지 그 경계가 모호해질 때가 있다. 이 일도 중요한 것 같고, 저 일도 먼저 해야 하는 것 같아 혼란한 가운데 일을 담당하고 잘 모르는 채로 보고서만 쓸 때도 있다.

교육팀에 합류하고 일주일도 지나지 않았을 때였다. 교육의 '교' 자에도 적응이 안 된 나에게 감당하기 힘든 과제가 떨어졌다. 신규 프로그램 개발을 위한 벤치마킹이 필요하니 세계 최고의 대상을 찾으라는 것이었다. 그리고 2주 안에 떠나야 했다.

'시간이 없다! 어디를 가란 말이지? 왜 2주 안에 나가야 하지? 근데 뭘 만드는 거지?' 머릿속에는 물음표 수십 개가 떠올랐지만 상사는 계속 시간이 없다고만 외쳐댔다. 어디서부터 시작해야 할지 순서가 세워지질 않았다. 혼돈의 시간만 계속되었다.

우선 닥치는 대로 주제와 관련된 '유명한 곳'을 찾아보기 시작했다. 모든 초점은 '유명한', '알아주는', '세계 top'에 맞춰졌고 화려한 이력 중심으로 보고서 쓰기에 집중했다. '학교는 어디가 유명하지? 하버드, 옥스퍼드, 케임브리지…. 맞아, 그런 데가 알아주지!', '회사는 요즘 뜨는 곳이 어디야? 실리콘밸리? 독일 자동차? 이태리 명품 회사?'…. 이런 질문들로 시작된 나의 생각으로 드디어 보고서가 완성되었다. 뭔지 몰라도 분야별로 가장 유명하다는 학교, 기관, 회사의 주요 특징이 잘 드러나 보였다. 가슴 쫙 펴고 의기양양하게 상사에게 보고서를 들이밀었다. 훑어본 상사가 한마디 던졌다. "근데, 이거 갈 수 있어?"

그 한마디에 무너져 내렸다. 그게 그러니까 갈 수 있는지 알 수 없었다. 유럽과 미국을 하루 만에 왔다 갔다 할 비행 노선은 있는지, 지구 반대편에 있는 그들이 내 방문을 받아줄지…. '行'을 확인하지 않은 나의 멋진 보고서는 그렇게 무너졌다. 앙꼬 없는 찐빵, 팥 없는 팥빙수나 마찬가지였다.

얼굴이 발갛게 달아올랐다. 애써 나의 무능함을 방어하려는 고요한 외침이 입안을 맴돌았다. '뭐야, 찾아보라고만 했지, 간다고는 안 했잖아!' 혼돈을 잠재우고자 본질을 외면한 업무는 결국 쓸모없는 일이 되었다. 오히려 더 큰 혼란을 초래하고 말았다. 혼란을 완전히 제압하기 위해서는 '할 수 있는 일'을 글로 썼어야 했다.

깊은 깨짐 이후 3일간 밤낮을 가리지 않고 연락해서 갈 수 있는 곳 위주로 재정리했다. 우리의 밤은 그들의 낮이기에 24시간 풀가동하며 이메일과 전화통화를 해 갈 수 있는 준비를 가까스로 마쳤다. 유럽행 비행기에 오르자 비로소 혼란을 잠재울 수 있었다.

결국 혼란의 맥을 잡는 핵심을 보지 못하면서 혼란이 심화되었던 경우다. 생각을 말하고 쓰기까지는 했으나 행동할 수 있는 준비는 놓쳤던 게 화근이었다. 완결되지 않은 일 처리, 한동안 직장인들의 마음을 울렸던 그 단어, '미생(未生)'의 일 처리였던 것이다.

## 일의 수준을 결정하는 자기완결성

직장에서 일을 한다는 의미는 다양하다. 조직이 크면 클수록 일을 시작하는 사람, 일부만 하는 사람, 마무리하는 사람 등 업무가 세분화되어 있어서 처음부터 끝까지 혼자서 모든 것을 책임지는 일은 많지 않다. 또 그렇게 할 수 있는 능력자도 흔치 않다. 그러나 처음이든 중간이든 본인이 맡은 일이 최적화되어야 전체 일이 완성될 수 있다. 이런 차원에서 자기완결성은 일을 전달하는 데 있어 매우 중요한 키워드다.

내가 하는 일의 완결성을 어떻게 찾을 것인가? 일을 대하는 태도와 깊이에서 결정될 수 있다고 생각한다. 사원에게 일을 주면서 그 누구도 사장 수준의 가치를 만들기를 바라지 않는다. 그럴 권한이 주어지지도 않을뿐더러 경험과 실력이 부족하다. 격투 스포츠에 체급이 나뉘어 있듯이 조직도 직급별로 기대하는 암묵지가 존재한다. 그래서 내가 할 수 있는 수준에서 '최선'을 찾아야 하는데, 일이 잘되었을 때보다는 일이 잘 안 되는 상황에서 그 '수준'을 쉽게 알아차릴 수 있다.

## 실수에 대처하는 자세

일을 하다 보면 실수는 당연히 따라오는 부산물이다. 아무리 완벽한 실력을 가진 사람도 실수는 하게 된다. 주변 사람들을 잠시 떠올려보자. 정말 100% 완벽한 사람을 본 적이 있는가? 세상은 변화무쌍하고, 예측은 늘 빗나가고, 확실한 건 하나도 없다. 즉 실수하지 않는 '완벽한' 인간은 없다. 그래서 실수에 어떻게 대처하느냐가 사람을 평가하는 기준이 될 수도 있다.

자신이 속한 조직의 문화에 따라 다르겠지만 실수를 받아들이는 정도에 따라 우리의 대처하는 자세가 달라진다. 잘나가는 글로벌 기업들은 직원들의 실수를 용인하고 도전을 장려한다고 한다. 그래서 창의적인 혁신을 지속해나간다는 것이다. 여기서 말하는 '실수'는 늘 하는 일상적인 것이 아니라 남들이 하지 않는 새로운 일에 도전하다가 만들어진 부산물을 의미한다. 그런 실수는 가치가 있다고 판단하는 것이고, 이런 실수들은 모아서 다음 도전에 밑거름으로 쓸 수 있다.

미국에는 신제품을 만들다가 실패한 사례와 제품들을 모아서 만든 '실패박물관'이 있다. 바로 뉴 프로덕트 웍스(New Product Works)다. 즉 미국 시장에서 실패의 고배를 마셨던 제품 7만 점을 전시하고, 비록 실패했지만 그 제품이 출시된 배경과 전략, 숨은 인사이트를 발굴하고 있다.

기업은 끊임없이 신제품을 내놓고 있지만 그중 80%는 시장에서 실패한다고 한다. 이쯤 되면 실패나 실수는 새로운 일을 할 때 당연한 것이 아닌가?

그러나 '실수'를 받아들이는 정도는 몸담은 조직의 문화에 따라 천차만별이다. 다행히 용인도가 높은 상사나 회사를 다닌다면 큰 고민이 없겠지만, 그게 아니라면 아마 많은 스트레스를 받을 것이다. 그리고 반복되는 스트레스는 어떤 행동을 할 때 자신도 모르게 위축되게 만든다. 그래서 실수에 대처하는 '개인기'가 중요해진다.

실수를 일의 성공을 방해하는 주요 원인이라고 한다면, 원인을 제공하는 사람이나 상황은 짜증을 유발한다. 그런데 재미있는 건 실수를 아무리 많이 해도 밉지 않은 사람이 있다는 사실이다. 반면 어떤 사람은 그 사람 자체가 실수처럼 느껴지기도 한다. 이 구분은 실수에 대처하는 모습에서 판단이 갈리는데, 후자의 경우는 남 탓을 많이 하는 모습에서 기인한다. 그들은 이런 말을 많이 한다.

"나는 잘했는데 상황이 좋지 않았을 뿐이에요."

"전 아닌데요. 누군가 그렇게 말하던데요."

"그러게요. 그게 왜 그렇죠? 난 잘했는데요?"

내 잘못은 없고 온통 주변 상황, 누군가, 우연히 등을 무한 반복적으로 말한다. 실수하고 나서 그 누구도 변명에서 자유로울 순 없다. 누구나 남들에게 지적 받는 걸 좋아하지 않는다. 어린아이도 아니고 성인이 되어서는 더더욱 자존심이 용납하지 않는다. 그러니 상사가 꾸짖는 말이 얼마나 듣기 싫은가? 그러나 상사도 잘못한 사람을 꾸짖을 생각은 처음부터 없었을지 모른다. 내가 쏟아내는 무수한 변명들이 상사로 하여금 나를 더욱 탓하게 만드는 것은 아닐까?

일은 잘되었을 때도, 잘못되었을 때도 나의 책임을 벗어날 순 없다. 잘되었을 때는 성취에 맘껏 기뻐하되, 일이 잘못되었을 때는 변명거리를 찾아 주변을 돌아보지 말고 "제가 실수했습니다."라고 담백하게 인정하는 것이 책임지는 가장 쉬운 방법이다. 그리고 다시 시작하면 된다.

## 일 잘하는 사람의 말과 글은 행동한다

일에서 '책임'은 글로만 하는 일과 행동해야 하는 일의 경계에서 시작한다. 나의 벤치마킹 출장처럼 행동이 준비되지 않은 말과 글은 아무 소용이 없다. 행동하지 않는 글쓰기를 반복하다 보면 내 말과 글은 힘을 잃고 설득력이 없어진다. 할 수 있는 일을 말하고 보고하는 습관을 들여야 한다. 우리는 아름다운 글을 쓰는 작가가 아니라 살아 있는 일을 써야 하는 직장인이다.

일은 자연스럽게 시작하되 꼭 끝을 생각해야 한다. 시작할 때는 의무감보다는 재미있게 즐기면서 하는 게 좋다. 그리고 일을 마칠 때는 일의 무게를 감당할 수 있는 힘을 갖고 있어야 한다. 이런 자세로 일을 대하면 실수를 해도 상사는 내가 해결할 수 있을 거라는 믿음을 갖는다. 그렇게 한 사이클만 돌면 그다음부터는 일이 쉽고 가벼워진다. 내가 책임질 자세가 되어 있으면 상사나 동료도 거들어주기 때문이다. 일을 할 때는 행동할 수 있는 '살아 있는 일'을 하고, 잘못되었을 때는 기꺼이 책임지려는 직장인의 자세를 갖자.

**전달 포인트 10**

☑ 보고서는 읽기 위한 글이 아니라 행동하기 위한 상호 합의다.

☑ 잘못된 일을 인정하는 것은 누군가에게 지는 것이 아니라 멋지게 이기는 방법이다. 그리고 내가 생각하는 것 이상으로 나의 '격'을 올려준다.

☑ 일은 해보기 전까지 그 가치를 알 수 없다. 성공도 실수도 가치에 포함되는 항목이다.

# PART 2

# 따르는 자를 만드는
# 후배 관리법

눈 깜짝할 사이에 위보다 아래가 많아지는 시기가 온다.
주어진 업무와 권한을 아래로 내리는 일에
당황하거나 두려워 말고 빠르게 적응해야 한다.
분명히 지시는 보고나 공유보다 몇 배 더 어렵다.
그래서 이것을 윗사람 되기의 마지막 관문이라고 부른다.

# CHAPTER 4

# 일 주는 마음 자세

☑ 어떤 선배가 되어야 하나?

☑ 어떤 후배가 무서운가?

☑ 주지 말아야 할 것이 있는가?

☑ 어떤 그릇을 만들고 있는가?

## 11 전달의 사수

# 어떤 선배가
# 되어야 하나?

> "오늘 누군가가 나무 그늘에서 쉴 수 있는 것은
> 먼 옛날 누군가가 나무를 심었기 때문이다."
> – 워런 버핏, 미국 투자가

첫 출근과 함께 만들어지는 운명적 관계가 있다. 바로 사수(射手)
와 부사수(副射手)다. 조직에 갓 들어온 신입사원에게 회사에 대한 오
리엔테이션과 조직생활에 관한 노하우를 전수해주는 전담자가 생기
게 되는데, 보통 그들을 사수라 칭한다. 개인적으로는 처음 듣는 말
이었다.

"안녕! 내가 송사원 사수입니다."

이 말을 듣는 순간 '뭘 지키려는 거지?'라는 생각이 먼저 들었다.
왜 선배가 아니라 사수라는 말을 사용하는 것일까? 사수는 군대 통

속어다. 문자 그대로는 '총을 쏘는 사람'을 뜻한다. 부사수는 그 옆에서 탄피를 받는 사람이다. 사수와 부사수는 서로 목숨을 의지하고 생존하기 위해 최고의 팀워크를 만들어야 하는 운명이다.

사수와 부사수는 군대뿐만 아니라 배움을 주고 가르치는 사람과 그것을 받는 사람의 관계라면 어디든 적용할 수 있다. 사수는 단위 조직에서 거리상 제일 가까운 사람이다. 이들은 경우에 따라 인생의 멘토가 되기도 하고, '절친'이 되는 행운을 얻기도 하지만, 어떤 이들은 마녀, 악마, 원수 관계가 되어 헤어지기도 한다.

나는 총을 매우 잘 쏘는 사수를 만났다. 처음 만남에서부터 지구상에 신이 있다면 비슷할지도 모른다는 착각을 할 정도로 완벽해 보였다. 무엇이든 물어보면 0.1초도 안 걸려서 대답해주고, 제품 단가를 1원 단위까지 암산할 줄 아는 컴퓨터 계산력, 상황을 마치 사진을 찍은 것처럼 기억하는 뚜렷한 기억력까지, 세상에 못하는 것은 하나도 없어 보였다.


## No 방치, 바로 실전

사실 입사 후 짧게는 일주일, 길면 한 달 정도 '방치'라는 달콤한 시간을 갖게 된다. 방치란 특별히 주어진 업무 없이 회사에 적응하는 여유로운 시간을 의미한다. 신입사원 중 80%는 전화를 당겨 받거나 점심식사와 회식 장소를 고르는 것이 주요 업무다. 간혹 방치가 무료하게 느껴져서 '내가 이런 일 하려고 회사에 왔나?'라며 진정한 일을 달라는 사람이 있다. 그러지 말길 바란다. 앞으로 할 일은 많고 시간은 금방이다.

그러나 나의 완벽한 사수는 단 하루도 방치를 허락하지 않았다. '부사수 조기 전력화'라는 부장님의 지시를 받고는 투철한 책임감으로 나에게 일을 던졌다. 사수가 던지는 일은 모두 난생처음 해보는 일이라 손으로 받기가 버거울 정도였다. 결국 온몸으로 맞대기 시작했다. "으악!", "아파!" 연신 신음이 나왔다.

가끔 나의 사수는 집에 가는 시간도 곧잘 잊었다. 당시 경기도에 살던 나는 막차가 10시 반이었는데 사수가 꼭 10시까지 총을 쏴서 그 옆에 떨어진 탄피를 줍느라 정신이 없었다. 탄피를 다 줍고 나니 막차가 끊겨서 택시를 타는 날이 늘어났다.

매의 눈을 가진 사수는 곧 나의 약점도 발견했다. 나한테는 숫자 알레르기가 있었다. 이것은 직장인, 특히 영업직에게는 치명적 약점이다. 어릴 때부터 유난히 숫자 계산에 약한 나는 일, 십, 백, 천, 만을 센 후에야 숫자를 읽을 수 있는 사람이다. 영업 특성상 가격 협상이 가장 중요한 업무인데, 나는 가끔 이상한 계산을 혼자 하고 올 때가 있다. 그리고 그런 작은 실수들은 큰 사고로 이어졌다.

내가 친 사고들을 막느라 제대로 탄알이 안 날아가자 어느 날 나의 사수는 큰 결심을 했다. 모든 제품 모델의 원가와 가격을 출력해서 내 책상 앞에 붙이고 외우는 숙제를 내준 것이다. 마치 학교에서 받아쓰기 시험 보는 식으로 말이다.

'내가 초등학생이야!' 싶어서 퉁퉁 부은 얼굴로 외우기 시작했다. 일주일이 지나고 한 달이 지나자 한 번도 경험해보지 못한 신기한 일이 일어났다. 난생처음으로 숫자들이 자연스럽게 읽히고 너무나 명확하게 단가들이 떠오르는 것이었다. 숫자만 보면 울렁거리고 자신 없던 내가 조금씩 달라졌다. 전보다 일을 대할 때 자신감이 붙고 사수가 쏘는 총알의 탄피를 줍는 일이 빨라지면서 즐거워졌다.


## 사수가 원하는 것

'지금 알고 있는 걸 그때도 알았더라면'이라는 말처럼 된다면 얼마나 좋을까? 그러나 시간은 참 야속하게도 지금 알아야 할 것을 미리 잘 보여주지 않는다. 나의 사수는 나에게 무엇을 원했을까? 실수 없는 깔끔한 일 처리, 기대보다 높은 성과, 생각지도 못한 대단한 아이디어를 원했던 것일까?

그 시절 난 사수가 대단한 것을 원하는 줄 알았다. 그런 일을 해내지 못하면 질책을 하는 줄 알고 '더 잘하기' 위해 노력하고 또 노력했다. 그러나 시간이 지나고 나도 누군가의 사수가 되어보니 보인다.

나의 사수가 원했던 것은 그렇게 대단한 일이 아니란 게 말이다.

## 과정에 대해 질문하라

그는 묻기를 원했다. 무엇을? 바로 과정에 대한 질문들이다. 지금 가는 방향이 맞는지, 막히는 곳은 없는지, 자신이 도와줄 일은 없는지 등 일하는 방법에 대해 확인하고 묻기를 원했다. 시작하기 전에 상의하고, 고민하고, 노력하는 모습을 원했다. 일을 해나가는 과정을 제대로 알려주고 싶어한 것이다. 막 조직에 첫발을 디딘 나에게 대단한 성과를 바란 것이 아니었다.

## 조기 전력화시켜라

조직에서 사수가 존재하는 이유는 혼자서 일하는 곳이 아니기 때문이다. 새로운 세상에서 처음 일하는 개인들에게 '함께', '공동', '우리'라는 단어가 가진 가치를 느끼게 하고, 그렇게 일하는 방법에 적응하도록 이끌어주는 것이 사수의 역할이다. 또한 부사수가 빨리 적응하면 할수록 팀의 전투력이 상승해 사수의 짐을 나누어 질 수 있다. 부사수 스스로 자신의 전투력을 높이는 데 힘을 쏟고 그 기간을 단축할수록 사수는 기뻐한다.

## 부사수가 원하는 것

반대로 부사수들은 어떤 사수를 원할까? 사수가 되는 입장에서는 그것도 궁금하다. 언제까지나 부사수 역할만 할 수는 없기 때문이다. 생각보다 빠른 시간 안에 누군가의 사수가 되고, 올라갈수록 새로운 역할들이 요구된다. 중요한 문제는 그 자리에 어울리는 사람인가 아닌가에 대한 것이다. 그래서 부사수 입장에서 원하는 사수의 모습을 찾고 싶었다.

바람직한 사수의 모습으로 제시할 내용은 20~40대 직장인 남녀 200명을 대상으로 실시한 설문 결과를 토대로 작성된 것이다. (2014년 6월 SNS 설문조사) 설문조사 중 한 질문은 이러했다.

"회사에서 롤모델이 되었던 사수가 있나요? 있다면 어떤 모습인가요?"

재미있는 결과가 나왔다. 언뜻 생각하기에 관계를 소중히 여기고 인간적인 사람을 존경할 것 같지만, 의외로 1위는 '일 잘하는 사람'이었다. 일은 못하면서 사람만 좋다면 회사에서는 큰 의미가 없다는 것이다. 조직에서 사람관계란 일이 되게 하는 것이 먼저다. 일을 제대로 하는 것이 가장 중요하다고 여긴 것이다.

일을 제대로 한다는 구체적인 의미는 일에 대한 열정과 업무 처리 능력을 말한다. 업무 처리 능력은 남의 일을 봐주는 피드백 능력, 즉 지식이 많기보다는 일하는 방법과 센스가 있는가를 의미한다. 위로 올라갈수록 일을 제대로 하려고 마음먹기보다는 다른 것에 더 신경을 쓰게 마련이다. 이것이 사수들의 경계대상 1호다. 후배들에게 실력으로 보여줄 것이 없어지는 순간 내가 전달하는 말은 힘이 없어지기 시작한다.

2위를 차지한 것은 '인간적인 사람'이었다. 그러나 여기엔 일을 제대로 한다는 전제가 붙는다. 공과 사를 구분할 줄 알고, 일을 할 때도 공감능력이 뛰어나고, 후배의 성장을 진심으로 응원하는 인간미 넘치는 사수를 부사수들은 닮고 싶어한다.

3, 4위는 '긍정적이고 책임을 질 줄 아는 사람'이었다. 일을 줄 때 감정도 함께 전달하는 심각한 오류를 저지르는 사수들이 정말 많다. 그러나 부정적 감정은 일을 망치는 주요인이다. 부사수들은 밝은 미래를 제시하고 힘을 주는 사수를 원한다. 그리고 일을 시켰으면 그 책임도 함께 지는 것이 당연하다. 일이 잘되든 안 되든 시킨 사람에게도 책임이 있다는 사실을 잊지 말자.

- 1위, 열정과 업무 능력이 뛰어난 사수(45%)

- 2위, 공감할 줄 알고 말이 통하는 사수(22%)

- 3위, 긍정적이고 밝은 에너지를 가진 사수(15%)

- 4위, 자신의 말에 책임질 줄 아는 사수(9%)

- 기타: 대범한 사수, 정직한 사수, 명확한 비전을 제시하는 사수 등

조금 과장하자면 사수와 부사수는 부부의 인연일지도 모른다. 일로 맺어진 이 인연을 잘 맺는 것은 양쪽의 노력에 달려 있다. 안 맞는다고, 잘못 만났다고 생각하기 전에 '정말 상대방이 원하는 걸 해주었는가?' 정도는 고민해보자. 그리고 노력해보자. 과거의 나 때문에 힘들어했을, 그리고 오늘의 나를 있게 해준 나의 사수들에게 꼭 고맙다고 전하고 싶다.

**전달 포인트 11**

☑ '혼자서도 잘해요.'만 고집하지 말고 먼저 물어보라. 사수가 존재하는 이유는 혼자가 아닌 같이 일하는 법을 배우는 데 있다.

☑ 사수와 부사수 간에 대화를 즐겨라. 공감대가 형성되면 일이 더 쉬워진다.

☑ 다음의 질문으로 하루를 돌아보라. '난 부사수에게 총 쏘는 법을 제대로 전달했는가?', '난 사수의 탄피를 잘 받았는가?'

## 12 전달의 울렁증

# 어떤 후배가
# 무서운가?

"단순히 지시를 전달하는 수단으로 직원을 대하지 말고
그들을 신뢰하고 창의성을 발휘할 여지를 제공하라.
설령 그들이 당신이 사전에 막을 수 있었던 실수를 저지른다 해도 과감히 위임하라."
– 윌리엄 맥나이트, 전 3M CEO

드디어 나에게도 후배가 생겼다. 날아갈 듯 기쁘다. 그런데 그다음은 어떻게 해야 하지? 일은 하는 것보다 시키는 것이 몇 배 더 힘들다는 것을 직접 해보기 전까지는 모른다. 내 발밑에 아스팔트 말곤 아무것도 없던 시절에는 하루빨리 후배가 들어오기를 간절히 바랐다. 부서에서 일어나는 온갖 작은 일을 도맡아 하던 나는 늘 다짐했었다. '오기만 해봐! 모든 일을 넘기고 말 거야.'

오랜 꿈이 현실이 되었지만 좀처럼 일이 넘어가질 않았다. 어떤 일부터 넘겨야 할지, 어떻게 말을 걸지, 말투는 어떻게 해야 괜찮아 보일지, 일을 줬을 때 어떻게 받아들일지 등등 일을 시키기도 전에 생각만 많아졌다. 심지어 말끝을 어떻게 끝낼까도 고민이었다. '○○씨, 이것 좀 해줄래? 해보겠소? 할래?' 이런 고민들로 머릿속이 복잡해졌다. 시키는 일을 하는 것에 익숙하다 보니 후배를 맞이하는 일이 쉽지 않았다. 나뿐만 아니라 누구나 한 번쯤 겪는 단계라 생각한다.

직장생활의 수명이 길어질수록 위로 전달하는 일만큼 중요해지는 일이 아래로 전달하고 받는 능력이다. 그런데 만약 심각한 '후배 울렁증'을 가진 사람이라면 성공이란 단어에서 멀어질 수밖에 없다. 그래서 소위 말하는 '후배앓이'를 빨리 졸업할수록 편안한 업무 사이클로 들어설 수 있다. 이제 나만 잘하면 되는 모드에서 점점 리더십의 세계로 나아가는 시기가 된 것이다. 첫 단추를 잘 끼워야 나의 리더십도 올바른 모습을 가질 수 있다.


## 무서운 후배들

정도의 차이가 있을 뿐 후배 때문에 마음고생을 경험하지 않은 사람은 없을 것이다. 선배의 위치가 된 이후 주변 사람들과 만나면 자주 대화하는 주제 중 하나가 '요즘 애들 무서워!'다. 어떤 후배들이 무서운가? 그리고 그 무서운 후배는 어떻게 안내해야 하는지 고민해 보아야 한다.

## 지나친 들이대기

'들이댄다.'라는 표현은 지나친 적극성을 말한다. 적극성이 왜 문제가 되느냐고 생각하는 사람도 있을 것이다. 그러나 과유불급(過猶不及), 즉 무엇이든 지나친 것은 미치지 못한 것만 못하다. 대부분 들이대는 후배들은 잘 보이고 싶은 마음이 커서 확인하지 않고 행동부터 하는 경우가 잦다. 그러다 보면 꼭 사고가 터진다. 내가 만난 한 후배도 늘 생동감 넘치는 눈빛과 의욕적인 목소리로 업무를 맞이했다. 일의 경중을 떠나 모든 일을 열심히 하다 보니 중요한 일을 앞두고 몸살이 나버렸고, 결국 중요한 시기에 본인의 역량을 발휘하지 못했다.

이렇게 들이대는 후배들이 저지른 사고를 수습하는 일은 고스란히 그의 사수 몫이다. 이러니 들이대는 후배가 무서울 수밖에 없다. 이런 후배들의 특징은 사수의 말이 미처 끝나지도 않았는데 대답을 하거나 부산하게 움직이고, 몸짓이 크며 리액션이 과장되어 있다. 일을 시켜도 안 하는 후배보다 낫다고 할 수도 있지만 이런 행동이 반복되면 실수를 많이 하는 사람으로 낙인찍힐 수도 있다. 그러므로 지나치게 들이대는 성향을 가진 후배에게는 다소 차갑더라도 침착하게 일하는 방법을 알려줘야 한다. 그래야 그의 다음 성장에 도움이 된다.

## No가 먼저인 투덜이

가장 무섭고, 사수를 혼란에 빠뜨리는 부류의 후배일지도 모른다. 일을 주려고만 하면 표정이 굳고, "네, 알겠습니다."보다는 "그게 왜 그런데요?", "안 되겠는데요.", "너무 어려운데요." 등 부정적인 말을 많이 하는 후배들이다. 시작하기도 전에 이런 반응을 보이면 일할 의욕이 떨어지고, 사수의 속도 만신창이가 된다.

후배의 부정적인 반응은 마치 프러포즈를 거절당하는 것과 비슷한 강도의 충격을 준다. 이런 과정이 몇 번 반복되면 더 이상 일을 나누기가 싫어진다. 돌이켜보니 그런 후배들의 큰 특징은 똑똑하다는 것이었다. 생각이 많을수록 질문이 많아지고, 외부 환경에 민감하다 보니 걱정이 앞서는 것이다. 뛰어난 사람들 중에 낙관론자보다 비관론자가 많다는 것을 떠올리면 쉽게 이해가 될 것이다.

내 기억 속의 똑똑한 후배들 중에도 이런 '투덜이'가 많았다. 한 후배는 한 번도 웃으면서 일을 한 적이 없었다. 그런데 신기하게도 업무 결과는 꽤 높은 수준이었다. 일을 받는 그의 태도를 보는 윗사람들은 그런 모습을 좋게만 보지 않았다. 계속 눈에 걸리는 후배의 태도에 고민하다가 이전과는 다른 방법으로 일을 제시해보기로 했다.

이전에는 일을 시키는 개념으로 접근했다면, 고민을 이야기하듯이 전달해보았다. 영상을 제작하는 일이었는데, 과거에는 표준 샘플을 보여주고 "그대로 하면 되는 일이야."라고 했었고, 그러면 후배는 신통치 않은 표정을 지었었다. 그다음 달에는 있지도 않은 전면 개편 프로젝트라고 말하며 "너의 능력을 보여줄 기회야."라고 하자 후배의 반응이 달라졌다. 후배는 적극적으로 일했고, 시키지도 않은 배경음악까지 만들어 왔다. 나중에 들은 이야기지만 나에 대한 불만이라기보다는 자신에게 일에 대한 주도권이 없고 자유가 없어서 구속받는 느낌이 들어서 싫었다고 한다.

투덜이들을 문제아로만 보지 말고 능력을 인정해주고 일을 주는 방법을 달리해보자. 그들의 이유 있는 투덜거림이 만들어내는 뜻밖의 가치를 발견할 수 있을 것이다. 잘 전달되지 않는 이유는 위, 옆, 아래 모두 공통적으로 같다. 후배가 웃는 얼굴로 일을 받지 않는가? 그렇다면 일을 주는 내 얼굴을 돌아보자. 후배의 모습이 내 거울이라고 보면 된다.

무서운 후배들을 이야기하면서 나도 누군가의 '요즘 애들'이었다는 사실을 잠시 잊었던 것 같다. 새로운 사람들이 조직에서 낯설어하는 건 당연한 현상이다. 새로 온 후배들이 조직에서 접점을 찾고 아름답게 융화될 때 시너지를 낼 수 있다. 그리고 그 일을 도와주는 사람이 먼저 그 조직에 적응한 사람들, 선배다. '사수'라고 불리는 선배가 존재하는 이유다.

## 울렁증 극복하기

무서운 후배들만 보면 울렁대는 가슴을 진정시키고 당당해질 수 있는 방법은 무엇일까? 태어날 때부터 시키는 일에 익숙한 사람들은 제외하고 평범한 우리에겐 무언가 필요하다. '후배 울렁증'이 오래가면 위로 올라가는 데 걸림돌이 될 수도 있고, 궁극적으로 리더십 문제에 부딪히기도 한다. 따라서 '후배 울렁증'이 나의 경로에 방해가 되지 않도록 조기에 치료해야 한다. 그러기 위한 선후배의 패러다임 전환(paradigm shift)을 제안해본다.

### 위아래 구분 짓지 말자

나의 윗사람에게 전달하면서 힘들었던 구조적 문제를 굳이 내가 만들지 말자. 전달의 많은 문제가 위치를 구분 지을 때 발생한다. 꼭 그럴 필요가 있을까? 내가 나서서 구분 짓지 않아도 보이는 많은 지표가 후배와 나의 위치를 구분 지어준다. 일부러 생각과 일을 구분 지을 필요는 없다. 나의 고민을 말하고 함께 해결해야 할 친구를 얻었다고 생각하면 일의 결과가 달라질 수 있다.

시간이 지날수록 직급과 무관하게 비슷한 일을 할 수 있는 시대가 오고 있다. 연륜이 아닌 전문성으로 능력을 검증해야 한다. 이런 시기일수록 신무기를 장착한 후배의 힘을 얻어야 하지 않을까? 그러려면 시키기보다는 동참해야 한다.

## 재미를 보여주자

어린 시절 놀이터를 생각해보자. 동네 친구들이 삼삼오오 모여 놀이를 한다. 얼음땡놀이, 사방치기, 고무줄놀이 등 다양하다. 그때 가장 재미있어 보이는 놀이를 골라서 "나도 좀 끼워줘."라고 말해본 기억이 있을 것이다.

이처럼 일을 '일이기 때문에' 또는 선배가 '시키기 때문에'가 아니라 '재미있어서' 할 수는 없을까? 그 재미를 보여주는 일이 바로 선배가 할 일이다. 이 일을 하면 달라지거나 배울 수 있는 것을 제시해주면서 하고 싶은 마음이 스스로 일어나게 해줘야 한다. 누가 시켜서 하는 일이 아니라 본인이 선택한 일이라면 그 일을 대하는 자세부터 달라진다.


## 미움을 받아들이자

일을 하면서 늘 좋은 말만 들을 수는 없다. 그리고 100% 좋은 사람은 세상에 존재하지 않는다. 나를 좋아하는 사람도 있고 싫어하는 사람도 있을 수 있다. 울렁증이 생기는 이유는 대부분 '나를 미워하면 어쩌지?'라는 가정에서 출발한다. 일을 줄 때는 일만 생각하자. 일이 잘되도록 올바른 방향을 설정하는 일이 더 시급하다. 결국 일이 잘되면 불평불만을 늘어놓던 후배도 언젠가는 깨닫는 날이 온다. 그 시간 동안만 미움받을 준비가 되어 있으면 된다.

처음은 누구에게나 어렵다. 처음부터 멋진 선배도 존재하지 않고, 멀어 보이고 잘나 보이는 리더들의 모습도 태어날 때부터 가지고 있지 않았다. 필요한 건 우쭐함을 버릴 용기다. 후배의 앞에 버티고 서 있는 선배보다는 나아가는 길을 보여주는 선배가 되고, 시간의 힘에 기대어 가치를 만들어낼 수 있는 관계로 발전하는 게 좋지 않을까?

**전달 포인트 12**

- ☑ 두려움을 이기는 가장 효과적인 방법은 두려움을 인정하는 것이다.
- ☑ 스스로 누군가의 '꼰대'가 되지 마라. 일은 시키는 것이 아니라 '나누는 것'이라고 생각하면 그 일을 받는 사람도 즐거워진다.
- ☑ 후배를 받아들이는 일에 적응해야 한다. 언제까지나 귀여운 막내일 수는 없다. 자리를 빨리 양보할수록 빨리 큰다.

# 주지 말아야
# 할 것이 있는가?

"우리의 행동, 우리의 행동방식이 우리의 존재를 나타냅니다."
– 틱낫한, 불교지도자

신입사원 시절에 나는 넘치는 에너지 덕분에 작은 사건사고들을 지속적으로 만들었다. 가장 큰 사건 중 하나는 일명 '980원 사건'이다. 당시 우리 부서에서는 신입이 오면 가장 먼저 맡는 일이 각종 비용 정산업무였다. 집에서도 고지서가 나오면 세금을 내듯이 조직에서 만들어낸 비용을 정산하는 일은 왠지 어렵지 않게 들린다. 그러나 쉬운 일이라고 절대 무시해서는 안 되는 것이 '돈'과 관련된 업무이며, 조직에서는 매우 중요한 일이다.

불타오르는 열정 가득한 나의 첫 업무도 매장의 인터넷 비용 정산하기였다. 당시 나의 속마음은 '뭐야! 학교 졸업하고 얼마나 어렵게 들어온 회사인데 고작 정산이야? 난 좀 더 수준 있는 일을 원하는데…'였다. 사실 집에서 사용하는 인터넷 비용 내는 것과 다를 바 없다고 여기며 아주 안일하게 생각했다. 그런데 머릿속에 하나둘씩 질문이 생기기 시작했다. 첫째, 돈은 어디에 있는가? 내 돈으로 먼저 내는 것인가? 둘째, 어디에 내는 것인가? 셋째, 누구한테 물어보면 되는가? 얼마 지나지 않아서 머릿속이 복잡해졌다. 이럴 때 물어볼 수 있는 사람이 바로 사수다.

"선배님, 매장의 인터넷 비용은 어떻게 내나요?"

"어. 간단하게 메모 결재 올리고 정산해."

'간단하게 메모 결재'라는 말을 뜯어서 보면 죄다 쉬운 단어다. 그런데 왜 난 하나도 이해를 할 수 없는 것일까. 메모 결재란 무엇이며 무얼 올리라는 것인지, 메모는 수첩에 하면 되는지 등을 생각하다가 하루, 이틀, 사흘… 시간이 흘렀다. 그렇게 고민하며 결재와 메모의 의미 등을 깨달아가는 동안 어느새 결제 기일이 지나고 말았다.

서무 직원이 고지서 하나를 전해주며 "어머나! 이거 연체되었네요?"라고 말했다. 나의 잘못으로 연체된 것이기에 연체 비용은 내가 책임져야 한다는 생각이 들었다. 그래서 서무 직원에게 회사 통장 계좌를 물어본 뒤 연체금 980원을 입금했다. 일주일쯤 뒤, 회계 경리팀에서는 회사 통장에 980원을 입금한 사람을 찾느라 백방으로 수소

문했다. 그리고 나의 정체가 밝혀졌다.

"전데요? 제 실수로 연체시켜서 책임지려고 그랬습니다. 괜찮습니다. 제가 잘못한 것이니까요."

긴 침묵과 코웃음, 이어지는 깊은 한숨…. 그렇게 10여 분이 경과했다. 심상치 않은 분위기였다. 뭔가 엄청나게 잘못되어 있었다. 그걸 막 깨닫는 찰나에 괴성이 들렸다.

"도대체 누가 회사 통장에 개인 돈을 넣어!!!"

회사 통장에 돈을 넣는 것도 회사 돈을 가져가는 것과 똑같은 횡령이라는 것을 그때 처음 알았다. 문제는 잘못한 나뿐만 아니라 나에게 그 업무를 하사한 우리 사수도 잘못을 공유해야 하는 것이었다. 부끄러워서 얼굴을 들 수가 없었다. 처음부터 일을 잘못 가르친 본인 잘못이라며 나의 허물을 덮어주는 선배의 따뜻한 우산이 있었기에 그나마 빨리 마음의 안정을 찾았다.

제대로 알아듣지 못하고 실수한 건 나인데도 함께 책임지려 하는 선배의 모습을 보고 무한 충성을 마음속으로 결심해보았다. 나의 순수한 열정과 그릇된 책임감이 불러온 이 해프닝은 한동안 회자되며 놀림거리가 되었다. 이 실수를 계기로 회사생활을 마무리하는 그때까지 꼭 기억해야 하는 명제가 있다는 것을 깨달았다. 나의 실수는 내 잘못으로 끝나는 것이 아니라 일을 시킨 사람에게도 엄청난 곤욕을 치르게 한다는 것이다.

## 후배에게 주지 말아야 할 것들

시간은 나를 어느새 일을 받기만 하던 후배의 위치에서 조금씩 위로 올려놓았다. 아직도 주로 일을 받고는 있지만 후배에게 일을 주는 일도 병행해야 한다. 갈수록 느끼지만 '주는 일'이 가장 어렵다. 얼마나 줘야 할지, 언제 줘야 할지, 어디까지 말해줘야 할지 등 생각할 일이 많다. 솔직히 고백하면 이런 고민이 귀찮아서 그냥 혼자 해버리는 일도 많았다. 그런데 이는 가장 경계해야 할 일이기도 하다. 계속 그렇게 하다 보면 후배를 키우기도 전에 내가 먼저 과로로 쓰러질지도 모른다.

회사 일이란 것이 혼자서만 완결 짓는 일은 거의 없다. 한 가지 일을 여러 구성원이 나눠서 하고 다시 합쳐서 보고하는 일이 대부분이다. 그렇다 보니 부분 최적화는 물론 전체가 효율적으로 움직여야 한다. 한 곳이라도 삐꺽하면 전체에 영향을 미친다. 그래서 기본적으로 일을 잘 나눠주고 잘 시키는 것이 일 잘하는 부서의 특징이다.

'주는 일'을 시작하면서 어떻게 해야 잘 주는 것인지 고민하기 시작했다. 과거 나의 사수처럼 '후배의 실수도 감싸줄 수 있는 마음 넓은 선배가 되어야 하는데…'라고 다짐도 했다. 그들이 실수하지 않도록 일을 잘 주는 방법을 처음엔 나도 잘 몰랐다. 시간이 지나고 주는 일들이 익숙해지면서 알아가기 시작한 것들을 공유하려고 한다.

### 일의 재미는 주고 두려움은 주지 말자

많은 사람이 일을 줄 때 이 일은 꼭 잘해야 하고 잘못되면 큰일 나며 실수는 절대 용납할 수 없다는 뉘앙스를 함께 전달한다. 그러면 일을 받는 사람은 일단 겁부터 먹는다. 잘해내고 말겠다는 강박에 시달리면 일을 제대로 진행하기가 어려워진다. 그러면 결과도 좋을 리 없다. 일의 무게에 짓눌린 채 일을 하면 보나 마나 진 게임이다.

일을 줄 때는 재미를 먼저 보여주는 것이 좋다. 일을 받는 사람이 어떤 유형인지 알면 더 좋다. 그 후배가 가진 강점이 무엇인지 파악해서 그 일을 통해 자신의 강점을 발휘할 수 있다고 설명해주면 일단 자신감을 갖게 된다.

"너 파워포인트 잘하잖아! 창의적인 구성을 네가 잘하는 파워포인트로 보여주면 아주 멋진 일이 될 거야!"

일단 잘하는 일을 더 잘할 수 있다고 말해주면 자신감이 붙고 재미가 생긴다. 또 일을 잘하고 나서 칭찬받을 생각에 더 흥이 나서 일하게 된다.


### 큰 그림은 주고 내 생각은 주지 말자

대부분 일을 받는 사람들이 답답해하는 이유는 자신이 어디에 있는지 좌표를 알지 못하고 일하는 애매한 기분 때문이다. 본인이 하는 일이 전체 일에 기여하는 비중이 어느 정도인지, 지금 어디쯤에서 일하고 있는지, 큰 그림 안에서 위치를 알려주자. 그러면 불안해하지 않고 열심히 일하는 후배를 발견하게 될 것이다.

이때 꼭 주지 않아도 되는 것이 '내 생각'이다. 방향성에 대한 가이드를 줄 수는 있지만 내 생각을 너무 강조하면 받는 사람은 그냥 그 생각만 받아 적고 더 이상 발전시키지 않을 수 있다. 정리하고 받아 적는 일이 아니라 창의적인 결과물을 원한다면, 일을 주는 내 생각은 잠시 숨기고 후배가 생각하고 일할 수 있는 환경을 만들어주자.

말은 쉽지만 정말 힘든 일이다. 일부러가 아니라 어쩔 수 없이 재촉하게 되는 경우가 생기는 것이 조직이다. 그래서 가능한 한 일을 시킬 때는 선행해서 시켜야 마감이 닥쳐도 여유가 있다.

여유라는 시간의 개념을 바꿀 필요가 있다. 있는 시간을 주는 것이 아니라 없는 시간을 만들어주는 것이다. 나의 보고 타이밍을 역으로 계산해서 시간을 만들거나, 과거 경험을 참조하거나 중장기 계획 등을 고려하여 앞으로 할 일을 예상해서 필요한 일들을 먼저 주면 후배에게 작은 여유를 만들어줄 수 있다.

일을 줬으면 그 일을 마칠 때까지 재촉하지 않는 사람이 되어야 하는데, 생각보다 어렵다. 나도 일을 시켜놓고 뭐 마려운 강아지처럼 후배 책상을 맴돌기도 해보고 왜 빨리 가져오지 않냐고 화를 내보기도 했다. 그래봤자 결국 일이 될 때가 돼야 한다는 걸 몇 차례 시행착오로 깨달았다. 일마다 걸리는 시간이 차이가 있고, 같은 일도 사람마다 차이가 있다. 그래서 일의 중요도, 시급성에 따라 주는 사람을 달리하는 것도 한 방법이다. 그리고 만약 속도가 느린 후배가 있다면 그 후배의 속도를 높이는 일 역시 일을 주는 '선배'의 몫일 수 있다.

## 일을 준다는 것의 가치

세상에 한 가지 면만 가진 사람은 없다. 나는 누군가의 딸이고 또 누군가의 엄마다. 직장에서는 누군가의 후배이며 또 누군가의 선배다. 이런 여러 역할을 감당하며 사는 우리 모두가 참 힘들다. 누가 덜 힘들고 더 힘든 문제가 아니다. 먼저 경험해본 사람이 자신의 이야기를 나누고, 자신보다 더 나은 후배들을 만들기 위해 노력하는 건 당연하다는 생각을 해본다.

일을 준다는 것은 일의 재미와 가치를 주고받는 것이다. 일의 무게까지 전해줄 필요는 없다. 일은 하는 순간 책임과 의무 그리고 그 일을 하는 대가가 자동으로 생긴다. 그걸 주는 사람이 강조해서 지레 부담을 지워줄 필요는 없다. 일을 줄 때는 그 일을 잘 해내리라는 '믿음'을 얹어서 주면 그만이다. 일의 무게가 아니라 가치와 믿음을 받는 것이 일을 받기만 하는 위치에 있는 사람이 누릴 최소한의 특혜라고 본다.

☑ 일을 하고 싶고 놀 만한 대상으로 여기게 해주는 것이 중요하다. 그 일을 하면서 재미있고 행복하게 빠져들 수 있도록 판을 깔아줘라.

☑ 역도 선수는 어떻게 본인 몸무게의 몇 배가 되는 바벨을 들 수 있는 것일까? 스스로 무겁다고 생각하는 순간 그 어떤 것도 들 수 없다. 반면 들 가치가 있다고 생각하면 무게는 더 이상 문제가 되지 않는다. 일을 시킬 때는 일의 무게가 아니라 그들이 발견할 수 있는 가치를 알려주면 된다.

# 어떤 그릇을
# 만들고 있는가?

"그릇이 큰 사람은 남에게 호의와 친절을 베풀어주는 것을 자신의 기쁨으로 삼는다.
그리고 자신이 남에게 의지하고 남의 호의를 받는 것을 부끄럽게 생각한다."

– 아리스토텔레스, 철학자

그릇은 음식이나 물건 따위를 담는 기구를 통틀어 이르는 말이다. 우리가 이 단어를 다르게 사용할 때가 있는데, 어떤 일을 해나갈 만한 능력이나 도량을 가진 사람을 비유적으로 표현할 때다. 쉽게 말해 그릇은 사람을 담아내는 용기가 되는 것이다.

흔히 누군가를 평가할 때 '참 저 사람은 자기 그릇대로 산다.', '그 사람은 타고난 그릇이 크다.' 등 그릇으로 사람의 능력, 성품의 정도를 측정한다. 그러면 나는 어떤 그릇일까? 귀한 음식을 담는 접시일까? 간장 종지일까? 과거보다 커지거나 작아져서 용도가 바뀌진 않았을까?

그릇에 대해 생각하다 보니 이 화두를 처음 맞닥뜨린 때가 생각난다. 유난히 무더위가 극성이던 여름날, 우리 조직은 전략을 만들기 위한 기나긴 전쟁 중이었다. 긴 회의가 연속적으로 이어졌다. 임원부터 사원까지 모두 회의실에 모여 각 부서에서 작성한 자료들을 차례대로 브리핑하기 시작했다. 발표 시작과 함께 조직의 리더인 임원이 질문을 시작했다.

"이거 폰트가 뭐지? 잘 안 보여!"

"띄어쓰기가 이게 맞나?"

"색깔이 저게 어울리나?"

질문은 계속되고 옆에서 수정사항을 받아 적던 나는 노트북을 물어뜯고 싶어졌다. 잠시 후 내 표정을 본 임원이 말했다.

"내가 너무 작은 것에 집착했나?"

그러더니 뒤이어 말했다.

"내 그릇이 요만한 걸 어쩔래? 요만하다. 왜?"

순간 웃기기도 하고 울고 싶기도 한 복잡한 심정이었다. 그때부터였다. 그릇이란 무엇인가를 고민하게 된 것이 말이다. 정말 그릇이란 무엇일까? 타고나는 것일까? 만들어지는 것일까? 어떤 그릇인지는 타고날지도 모른다. 그러나 크기와 깊이는 후천적으로 만들어진다고 믿는다. 아무리 좋은 질의 그릇도 어떻게 닦고 길들이느냐에 따라 오래갈 수도 있고 빨리 깨질 수도 있기 때문이다.

## 그릇의 종류

회사생활을 하면서 다양한 그릇을 직접 보기도 하고 듣기도 했다. 사회에서 만날 수 있는 그릇들을 분류해보았다. 이건 어디까지나 개인적인 경험에 의한 것이라 일반화하기는 어렵다는 점을 밝혀둔다.

### 화려한 찻잔

사람을 끌어당기는 마력을 지니고 태어나서 별 노력을 기울이지 않아도 사람들이 좋아해주니 무슨 일을 해도 좋다. 그러나 매력을 유지하기 위해 평소에 갈고닦지 않으면 수명이 짧아지고 쉽게 질릴 수도 있다. 지금 그 매력만큼만 능력이 발휘되고 매력이 바닥을 드러내는 날엔 힘들어진다. 시대가 변함에 따라 사람들에게 쉽게 잊히는 은막의 스타들처럼 말이다.

### 사기 그릇

화려하게 드러나지는 않지만 잘 변하지 않고 언제나 내가 필요할 때 준비되어 있는 사람들을 말한다. 실제로 옆 부서의 대리는 매우 쑥스러움이 많고 거래처 사람들만 만나면 얼굴이 빨개지며 늘 웃음

이끌든지 따르든지 비키든지

으로 마무리하곤 했다. 그런데 월말이면 그의 매출 성적은 언제나 좋았다. 그의 비법은 무엇일까?

손에 꼽는 외제차 판매왕, 보험회사의 억대 연봉자들은 대부분 부끄러움이 많고 수수한 모습들이다. 그들이 영업 부문에서 승승장구하는 이유는 의외로 투박하고 순박한 그 모습에 믿음이 가기 때문이라고 한다. 번듯하고 반지르르하며, 허점이나 흐트러짐 없이 완벽하고 똑똑해 보이는 사람들은 왠지 신뢰감이 덜 가기도 한다.

### 다용도 그릇

담는 음식에 따라 뛰어나지는 않아도 그럭저럭 두루 어울리는 그릇이 있다. 주변 상황에 가장 잘 맞는 모습으로 언제고 변신이 가능한 사람들이 있다. '원래 내 색깔은 없다.'라며 중도의 길을 걷는 이런 사람들은 윗사람들이 좋아하고 큰 문제를 만들지 않는다는 장점이 있다.

그러나 뚜렷한 색깔이 없어서 조직생활의 장기전에서는 불리할 수 있다. 다용도 그릇은 아무 때나 쓸 수 있기도 하지만, 개성이 없으면 밥을 담을지 국수를 담을지 몰라서 잘 안 쓸 수도 있다.

## 그릇 성장론

그 여름 회의실로 다시 돌아가본다. 임원이 말한 "내 그릇이 이만하다. 어쩔래?"에서 그의 그릇은 무엇이었을까? 사소한 것을 지적하는 쪼잔한 사람? 작은 것도 놓치지 않는 꼼꼼한 사람? 후배들 앞에서 내 그릇이 이만하다고 솔직히 말할 수 있는 대범한 사람? 많은 생각이 오고 갔다. '그가 가진 그릇이 오늘날 그를 만든 동력이 아니었을까?'라는 가설을 세우니 복잡한 머리가 환기되었다. '그의 그릇=세심, 꼼꼼, 신중함'

조심스럽게 그릇 성장론을 말하고 싶다. 후배들은 담을 수 있는 종류와 크기가 아직 정해지지 않았다. 자신에게 맞는 그릇의 용도를 찾고 깊이와 크기를 키워가는 일은 일을 주는 사람들의 몫이다. 일을 주기 전에 그릇의 종류와 크기를 미리 파악하고 그에 맞도록 줘보자. 분명 받아들이는 속도도, 담아내는 모습도 달라질 것이다. 그리고 자신의 그릇을 잘 쓰고 닦고 더 많은 것을 이해하고 담아낼 수 있도록 만들어주는 재미를 붙여보자.

어떤 그릇은 따끈한 국물을 오랫동안 담을 수 있고, 어떤 그릇은 디저트를 담았을 때 돋보인다. 일의 종류에 따라 필요한 그릇에 담아내는 기준을 가지는 것도 일을 주는 사람의 능력이라고 생각한다. 맞지 않는 그릇에 일을 담고 왜 이것밖에 못 담냐고 후회와 질책을 해봤자 이미 늦다. 후배의 그릇을 잘 봐주고 그에 맞는 일을 담는 노력을 하면 그들은 또 그 안에서 성장할 것이다. 그리고 분명 내가 주는 일을 가장 맛있고 돋보이게 하는 그릇이 되어줄 것이다.

직장에서 내 그릇을 10년쯤 사용해보니 언제 어떤 음식을 담을 때 필요한지 스스로 알 것 같다. 그러나 이 그릇을 어디까지 키우고 넓힐 수 있을지는 여전히 미지수다.

**전달 포인트 14**

☑ 모든 일을 담을 수 있는 그릇은 없다. 상황별로, 일별로 담을 수 있는 그릇을 구분하는 안목을 키우자. 그래야 좋은 그릇을 만들 수 있다.

☑ 처음부터 크고 좋은 그릇은 없다. 자신만의 그릇을 만들어가자. 처음보다 작아지지만 않으면 된다.

# CHAPTER 5
# 일 주는 방법

☑ 일머리를 전수할 수 있는가?

☑ 생각을 자극할 수 있는가?

☑ 틀에 연연하지는 않는가?

# 일머리를
# 전수할 수 있는가?

"많이 시키지 말고, 제대로 시켜라."
- 탈무드

후배가 왔다. 한 교육 과정의 총책임을 맡아서 운영하던 시절이었다. 직장생활에서 처음으로 모든 것을 책임지는 위치에 있게 되었다. 설명할 수 없는 무거운 공기가 흐르면서 막연하고 두려웠다. 그런 상황에 '후배'가 온 것이다.

지원군이 도착했는데 별로 기쁘지가 않았다. 언제 가르쳐서 써먹을 수 있을까? 일을 알려주는 데 더 많은 시간을 할애하게 될 텐데, 그 시간이 아깝고 혹시나 후배가 실수할까 싶은 걱정에 사로잡혔다. 그러다가 교육 시작 일주일 전에 모든 걸 완벽하게 가르쳐야겠다고 생각했다. 나의 포부는 대단했다. 모든 경우의 수를 생각해서 후배를 위해 완벽에 가까운 매뉴얼을 만들었다. 이 매뉴얼을 읽고도 일을 못하면 '바보' 소리를 듣게 하겠다며, 온몸을 불사르며 밤을 새워 매뉴얼을 완성했다.

"꼼꼼하게 읽으세요! 그리고 모르는 건 물어보세요!"

과정이 시작되는 전날까지 후배는 별다른 질문이 없었다. 그날그날 필요한 일들을 지시하고 수행하는 데 큰 문제가 없어서 다 이해하고 있는 줄 알았다. 그러나 과정이 시작되고 얼마 지나지 않아 후배가 아무것도 모르고 있다는 사실을 알려주는 사건이 터졌다. 강의 3시간 전에 강사가 오늘이 강의하는 날 맞냐며 확인 전화를 해온 것이다.

후회하기에 때는 이미 늦었다. 매뉴얼에 적힌 대로 후배는 강사에게 확인 전화를 하기는 했다. 이 확인에는 오는 방법, 시간, 배차 여부 등이 포함된다고 매뉴얼에 쓰여 있었지만 그건 나만 아는 이야기였다. 후배에게 읽어보라고 했을 뿐 어떻게 하라고는 전달하지 않은 것이다.

머리를 쥐어뜯으며 나의 문제를 곱씹어보았다. 그러고 보니 나는 매뉴얼에만 의존했을 뿐 가르치는 걸 두려워했다. 더 정확히는 무엇을 어떻게 가르쳐야 할지 몰랐던 것이다. 그 'How'에 우리가 전달해야 할 것이 있다.

## 공부 머리와 일머리는 다르다

일을 시작하고 나면 공부하던 머리와 일하는 머리가 다르다는 걸 깨닫는 시점이 온다. 대부분 그때 적지 않은 충격을 받고는 한다. 공부는 원리를 이해하고 암기하고 응용하는 지능을 사용하면 되지만, 일은 어떻게 행동하는지를 알아야 하기 때문이다.

예를 들어 대학에서 가르치는 마케팅은 마케팅 이론(학자), 원칙, 케이스스터디(case study)라면 회사에서 필요한 것은 고객 또는 거래선과 소통하는 법, 프로모션과 광고를 기획하는 법, 팀원과 함께 일하는 방법, 아이디어를 내는 방법 등이다. 학교와 회사 간에는 큰 차이가 있을 수밖에 없다.

What, Why  →  How, Act

많은 직장인이 학교에서 배운 것이 사회에서 전혀 통하지 않았다고 이야기하고, 처음부터 다시 배우는 느낌이 들고, 가방 끈이 긴 학위 소유자들이 '그동안 내가 무엇을 했나?' 하는 의문이 드는 이유가 바로 여기에 있다. 물론 학교에서 배운 지식을 응용해서 일할 수 있기는 하다. 그러나 일을 잘하려면 '행동'이라는 변수가 결과에 큰 차이를 가져온다. 쉽게 말해서 100을 알고도 10밖에 실천하지 못한다면 20을 알고 20을 실천하는 사람보다 일을 더 잘한다고 할 수 없다. 어떻게 이런 일이 가능한가? 공부를 잘하는 능력과 일을 잘하는 능력이 분명 다르기 때문이다.

## 일머리 전수하기

다시 아픈 과거로 돌아가서 이야기해보자. 나의 잘못은 무엇이었나? 곰곰이 생각해보니 한 가지가 아니라 여러 가지였다. 첫째, 매뉴얼에 일의 전부를 표현할 수 있다고 자만했다. 둘째, 글을 읽는 것만으로 일을 배울 수 있다고 착각했다. 셋째, 못 알아듣는 말이 대부분이었으니 내 눈높이에서만 전달하려 했던 것이다.

그래서 나는 일을 전달하는 방법을 하나씩 바꿔보기 시작했다. 사실 내 밑에 누가 있기보다는 내 위에 많았던 시절이라서 누군가를 가르치는 일이 익숙하지 않았다. 그리고 그 일에는 많은 인내가 필요하다는 걸 깨달았다.

우선, 매뉴얼부터 읽는 것이 아니라 먼저 일을 하는 것으로 개념을 바꾸었다. 매뉴얼도 새로 정리하되 역할별로 나누어서 동 시간대에 사람에 따라 매뉴얼 내용이 다르게 만들어보았다. 그리고 지금 그 일을 할 후배의 칸은 빈 칸으로 남겨두고 새로 생겼거나 없어졌거나 변경된 부분이 있으면 일을 하면서 직접 적어 넣게 했다. 예를 들면 다음 표와 같다.

| 시간 | 업무 | 운영자 | 부운영자 | contact Point |
|---|---|---|---|---|
| 09:00 ~ 10:00 | | | | |
| 10:00 ~ 11:00 | | | | |

　그리고 시뮬레이션을 강화했다. 7일이 소요되는 교육이면 일주일 전부터 하루를 똑같이 재연하면서 그 역할을 미리 경험해보게 하는 식이다. 시뮬레이션을 할 때는 전체를 똑같은 시간으로 하는 것이 아니라 꼭 알아야 할 포인트만 미리 해보는 것이 중요하다. 주로 동선 체크, 장비 작동법(파워포인트, 조명, 음향 등), 비품 준비가 해당된다. 가장 필요한 것이 장비와 관련된 것인데, 중요한 행사나 회의를 준비할 때 반드시 사고에 대비하는 플랜 B가 있어야 한다. 잘 나오던 화면이 안 나오거나 음향이 안 들리는 사고가 비일비재하게 일어나기 때문이다.

　다음으로, 일을 시킬 때 그 일을 어떻게 해야 하는지 방법을 말해주기 시작했다. 예를 들어 "회의 준비하세요."라고 말하면 후배의 머릿속엔 회의에 필요한 준비가 무엇인지, 자료를 무엇으로 준비해야 하는지, 자료를 인쇄해야 하는지 등 다양한 의문점이 한꺼번에 쏟아진다. 일을 하면서도 계속 물어보느라 진행이 더디다. 그래서 단계별로 일하는 방법을 나누어서 전달해보았다.

- 1단계: "지난번에 작성한 마케팅 전략 자료를 회의용으로 주제만 뽑아서 내 메일로 먼저 보내요. 확인하고 인쇄할 테니까요."(자료를 검토하고 나서 다시 부른다.)
- 2단계: "여기서 2~3번을 합쳐서 하나로 만들고 1페이지로 인쇄하세요."(인쇄본을 보고 결정한다.)
- 3단계: "이걸로 인원수대로 인쇄하고 회의실에는 커피, 물, 다과를 간단히 준비하세요."

한 번만 이렇게 하고 나면 '회의 준비'라는 말이 필요한 자료의 요약본을 만들고 간단한 다과를 마련해야 하는 일이라는 것을 재차 묻지 않아도 된다. 그러나 이런 간단한 일도 직접 경험하지 않으면 영원히 회의도 제대로 준비하지 못하는 후배가 될 수 있다. 그 책임엔 나도 포함된다는 사실을 명심하자.

끝으로, 그림을 그려줬다. 그 전에는 바쁘다는 핑계로 말로만 일을 전달했었다. 어떤 땐 지나가면서 흘리듯이 말한 적도 있다. 생각해보니 듣는 사람은 그 일이 무엇인지, 얼마나 중요한지, 어떤 목적으로 하는지도 모른 채 그 부분만 듣고 일해야 했으니 참 답답했을 것이다. 어떤 경우에는 진짜 못 들어서 내가 다시 물을 때까지도 모르고 있는 적도 있었다. 이런 경우에는 화가 나지만 화를 내봤자 나만 손해다. 왜냐하면 된 일이 없기 때문이다. 그래서 그림을 그리는 방법을 택했다.

이 그림은 텍스트로 된 도식이다. 사무실 보드에 그리거나 또는 이면지에 그리면서 전달한다. 내가 원하는 일의 그림은 일의 범위, 나의 기대, 관련자 등이 포함되어 있다. 일을 받은 후배는 그 그림을 붙여놓고 잘 생각나지 않을 때 확인하는 지침으로 사용할 수 있다. 특히 이 방법은 디자이너들에게 나의 생각을 전달할 때 효과적이었다. 텍스트로 존재하던 나의 머릿속 생각을 이미지로 만들기 위한 중간 단계 역할을 한 것이다. 한 디자이너 후배는 사람들이 늘 '그런 거.'라고 설명할 때 힘들었는데 그림을 보니 이미지를 바꾸기가 쉬웠다고 말했다.


## 일은 사람에게 배우는 것

일머리를 미리 배울 수 있을까? 취직하기 전에 배울 수 있는 학원이라도 있었으면 좋겠다. 일하는 방법을 책으로 배울 수 있다면 얼마나 좋을까? 그렇지만 그건 불가능하다. 판소리 명창이나, 한옥을 만드는 인간문화재를 학교에서 가르칠 수 없는 이유와 같다. 일머리는 누군가의 전수를 먼저 받아야 하기 때문이다.

일은 일로 전해주고, 일하면서 배울 수밖에 없다는 특성을 지니고 있다. 선배들의 흔한 대화 중 하나가 "요즘 애들은 머리는 좋은데 일머리가 없어!"라는 말이다. 그런데 이 말에는 어폐가 있다. 일을 제대로 시켜보지 않고서는 일머리가 있는지 없는지 알 수 없다. 이제 막 회사에 들어온 신입의 머리는 일이 아니라 공부에 익숙하기 때문에 모드를 전환하는 시간이 필요하다. 그 시간을 단축하는 것이 일을 주는 사람의 몫이다. 그리고 후배의 일머리가 빨리 트이면 그만큼 나의 일을 덜어주기 때문에 윈-윈 관계가 형성될 수 있다.

새로운 사람이 오면 일을 알려줘야 한다. 대부분 일을 알려주는 시간은 업무가 아니라고 생각하기 때문에 빠르게 처리하고 싶어한다. 과거에 내가 했던 실수처럼 가르치는 일을 제대로 하지 못해 자기 발목을 잡히는 사람들이 없었으면 한다.

일머리를 전수할 때 또 한 가지 생각해야 할 것은 체득 속도의 차이다. 달리기도 장거리와 단거리 선수가 따로 있듯이, 일도 체득하는 속도가 다르고, 익힌 후에 적용하고 활용하는 능력도 사람마다 차이가 있다. 일을 체득하는 속도가 빠르고 적용하고 활용하는 능력도 탁월한 후배를 만났다면 당신은 행운아다.

그러나 새로운 것을 이해하는 속도가 느린 사람들이 꽤 있다. 또 그런 사람들 가운데 일을 잘하는 사람들도 많다. 만일 그들이 보여주는 반응 속도만 보고 주눅 들게 한다면, 후자의 경우에는 성과를 보여주기도 전에 일을 못하는 사람이 되어버리고 만다. 우리가 회사에서 일을 먼저 시작했다는 이유로 누군가에게 그런 오명을 안겨줄 권리는 없다. 조금만 인내하면 숨겨진 보석을 발견할 수 있다. 그게 먼저 태어난, 먼저 일을 하는, 먼저 사회를 경험한 선배들이 해야 하는 '특별한 일'이다.

**전달 포인트 15**

☑ 일은 책이 아니라 사람에게 배운다는 걸 잊지 말자. 일을 전수해주는 사람들과 빨리 친해지고 많이 놀아야 일머리도 빨리 는다.

☑ 일 잘하는 후배와 함께하고 싶다면 먼저 그들에게 일머리를 전수해줘야 한다.

☑ 당신이 일을 잘한다고 믿는다면 같이 일하는 후배도 그렇게 만들어야 하지 않을까?

# 생각을
# 자극할 수 있는가?

> "인간의 탁월함을 가장 훌륭하게 드러내는 방식은
> 자신과 타인에게 질문을 던지는 것이다."
> – 소크라테스, 고대 그리스 철학가

앞서 무서운 후배들에 대해서 알아보았듯이 후배들은 존재만으로도 무섭다. 순진하게 위로만 잘 전달하면 될 줄 알아서 입사 후 몇 년이 지나도록 위로 전달하기에 힘을 빼고 있는데, 어느새 아래로 전달하는 일이 내 발목을 잡는다. 위로 전달하는 일보다 아래로 전달하는 일이 더 힘들다는 사실을 경험하는 순간 힘이 쭉 빠진다. 경험상 그런 것 같다.

위로 전달하는 것은 시키는 일을 잘해내면 80%는 충족되지만, 아래로 전달하려면 제대로 된 일을 찾아야 하고, 이해시켜야 하고, 좋은 결과를 만들도록 동기부여까지 해야 하니 3배 정도는 힘든 일이다. 그러나 아래로 전달을 제대로 해야 내 일의 무게도 가벼워지고, 위로 올라갈수록 중요해지는 리더십 스타일을 초반부터 올바르게 만들 수 있다.

빠르면 입사하고 나서 1~2년, 늦게는 4~5년 차가 되면 후배를 맞이하게 된다. 그때의 충격은 마치 첫째 아이가 동생을 맞이하는 것과 비슷한 것 같다. 아동 전문가들의 말에 의하면 동생을 만나는 것은 마치 남편이 다른 여자와 외도하는 장면을 목격하는 것과 비슷한 강도의 충격이라고 한다. 후배를 만나는 일도 적잖은 충격이다. 처음부터 위에 있는 것이 익숙한 사람은 아무도 없다. 이 충격을 빨리 극복하고 나만의 스타일을 찾는 것이 살아남는 방법이다.


## 기본의 의미

시키는 것에 익숙하지 않은 사람들이 보이는 특징은 다음과 같다. 가장 많은 부류는 '조급증 스타일'로, 기다림에 익숙하지 않은 선배들이다. 일하는 방법을 한참 설명하다가 갑자기 시계를 보더니 고개를 흔들며 "그냥 내가 할게!"를 외치고 자기가 해버리기 일쑤다.

그다음은 '막무가내 스타일'이다. 눈도 마주치지 않고 "○○씨, 그냥 이거 해!"라고 말한다. 뭘 어떻게 하라는 것인지, 언제까지 하라는 것인지, 얼마나 중요한 일인지에 대한 배경설명 따위는 없다. 무슨 말인지 몰라서 눈을 껌뻑이고 있으면, 그것도 모르냐며 소리를 치는 것으로 설명을 시작한다. 상황이 이렇다 보니 일을 받은 다음에 해야 하는 일들이 막막할 때가 많다. 또 그렇게 시작한 일은 나보다 정보도 많고 경험도 많은 그 선배의 기대치에 늘 못 미치게 마련이다. 그리고 곧 이어지는 한마디가 너무나도 듣기 싫다.

"요즘 애들은 기본이 안 돼 있어!"

그렇다면 그 선배는 '기본' 있게 일을 시킨 것일까? 늘 이런 악순환이 불만이었던 나도 어느 날 후배들이 일하는 것을 받아보며 똑같은 말을 웅얼거리고 있었다. "참 기본이 안 되어 있네!" 이 기본이란 것이 도대체 무엇일까? 사람들이 말하는 '기본'은 너무나 주관적인 것이다. 객관적인 스펙이나 공부로 채워질 수가 없다. 왜냐하면 시킨 사람이 기대하는 개인적인 '기대치'이기 때문이다. 그렇게 기본이 되길 원한다면 자신이 생각하는 기본이 무엇인지 잘 이해시켜줘야 한다. 그게 '기본'이다.


## 잘 시키려면 필요한 것

아쉽게도 '잘 시키는 데 필요한 것은 무엇일까?'라고 질문하면 답이 안 나온다. 나도 여러 번 시행착오를 겪으며 깨달았다. 어떤 후배는 30분 동안 공들여 설명을 해줘도 수준 미달인 결과를 가져오고, 어떤 후배는 10초를 설명해도 기대에 넘치게 '기본'을 보여준다. 이 차이는 무엇일까? 분명 개인차가 있다. 개인의 이해능력, 사고능력, 전달능력은 다 다르다. 이 차이를 줄이는 건 시키는 사람, 바로 나의 숙제로 남는다.

교육 기획을 하면서 '가르치는 것'에 대해 깊게 고민한 적이 있다. 그래서 잘 가르친다는 세계적인 교수들의 교수법부터 연구하기 시작했다. 교수들의 방법이라는 것이 대부분 생각보다 간단했다. 그들의 대답은 한결같이 '가르치는 것이 아니라 어떤 질문을 하는가?'에 더 신경 쓴다는 것이었다.

처음에는 잘 이해가 되질 않았다. '모르는 것을 가르치는데 도대체 왜 질문을 한단 말인가?' 얼마 지나지 않아 나의 생각이 너무나 일차원적이어서 부끄러워지기 시작했다. 배운다는 것은 생각의 힘을 키우는 것이다. 그것은 가르치는 것이 아니라 스스로 그 능력을 키워야 한다는 것이다. 그 포문을 열어주는 것이 '질문'의 역할이었다.

훌륭한 교수일수록 본인이 말하는 시간보다 학생들에게 질문을 더 많이 한다. 교수는 지적 자극을 하는 사람이지, 간단한 지식을 전달하는 사람이 아니란 어느 교수의 말이 인상 깊었다. 그렇다. 회사에서 선배와 후배의 관계도 마찬가지다. 이미 상당한 지적 수준을 가진 성인에게는 무언가를 가르치기보다는 이 회사 사람처럼 생각하고 회사에 필요한 아이디어를 낼 수 있는, 생각하는 힘이 필요하다.

질문을 하라고 하면 이미 충분하게 질문하고 있다고 답하는 사람도 있을 것이다. 나도 그렇게 생각한 사람 중 하나였다. 그러나 내가 하는 질문들은 주로 이런 것들이었다. "밥 먹었니?", "뭐 먹었니?", "주말에 뭐 했니?"…. 그런데 이건 취조와 다를 바 없다. 생각을 자극하는 질문이 아니다. 이런 질문은 때로 사생활 침해라고 오해를 받을 수도 있다.

생각을 자극하는 질문을 하려면 우선 내가 먼저 고민을 많이 하고 준비해야 한다. 그리고 내가 답할 수 있을 만큼 알아야 한다. 모르고 시키는 건 시키는 것이 아니라 미루는 것과 같다. 차라리 내가 직접 하는 것이 시간도 절약되고 더 좋을 것이란 착각을 하지만, 내가 하면 늘 그 밥에 그 나물 같은 생각만 나오게 된다. 그러므로 후배의 능력을 활용하고 동시에 그의 능력을 키워주는 것이 더 발전적인 방법이다. 후배에게 질문을 하는 것은 결코 시간 낭비가 아니다. 제대로 된 질문만 준비할 수 있다면 생각지도 못한 엄청난 성과를 만들 수 있다.

## 어떻게 질문할 것인가

교육을 진행할 때마다 늘 준비하는 나만의 깜짝 이벤트가 있다. 그

동안 교육에 참여한 후배들의 모습을 틈틈이 촬영해서 영상으로 만들어주는 영화 상영이다. 많은 횟수를 진행하다 보니 주로 전에 진행한 영상을 그대로 사용하고 사진만 바꿔서 영상물을 만드는 것이 관행이 되었다.

TF로 모인 후배들 중에서 한 명 정도는 영상작업을 할 수 있는 사람이 있었다. 그런데 어느 해 겨울에 모인 후배들 중에서는 단 한 명도 영상을 만들 수 있는 사람이 없었다. 무척 당황스러웠다. 그냥 내가 밤새고 만들자니 매일 교육을 진행해야 하는 상황에서는 불가능한 일이었다.

속이 타들어가는 마음에 회의를 소집했다. 이 상황을 어떻게든 헤쳐나가려면 한 명을 담당으로 지정해주어야 할 텐데 누구도 선뜻 손을 들 기세는 아니었다. 그래서 나 스스로에게 묻듯이 하나씩 질문하며 회의를 진행해보았다.

"교육이 끝나가는데 교육생들에게 어떤 추억을 선물할까?"

"잊지 못할 감동이요!"

"순간순간에 대한 감정들이요!"

"우리가 얼마나 고생했는지 보여줘요!"

"그럼 어떤 방법으로 선물할 수 있을까?"

그러자 여기저기서 아이디어와 토론이 이어졌다. 편지를 쓰자, 선물을 사 주자, 아니다 그건 돈이 너무 많이 든다, 감성적이지 않다 등 자기들끼리 한참 동안 의견이 분분하더니 결론을 내렸다.

"많은 사람이 함께 공감하려면 영상을 만들어야겠네요!"

"그래, 그럼 어떤 영상이 감동적일까?"

"꾸미지 않은 사진들이요."

"솔직한 멘트요!"

"그런데 영상을 만들어본 사람이 없다면, 어떤 방법이 있을까?"

웅성웅성 한참을 이야기 나눈 끝에 또 결론을 내렸다.

"영상은 기술이 아니라 가장 감수성이 좋은 사람이 주도하고, 나머지는 조금씩 도와주면 될 것 같아요. ○○는 음악을 고르고 ○○는 사진을 정리하고….."

이 회의에서 나는 딱 네 가지 질문밖에 하지 않았고 시작부터 결론까지 후배들 스스로 결정했다. 후배들의 결정에 따라 가장 감수성이 예민한 한 후배가 글을 썼고, 기본 프레임에 사진을 붙이는 수준으로 단순하게 영상이 제작되었다.

아무런 효과도 없고 음악, 사진, 글만 있는 투박한 그 영상은 지금까지 내가 본 어떤 결과물보다 뿌듯했고, 영상을 선물받은 교육생들은 저마다 감동에 젖어 눈물바다를 이루었다. 본질을 고민하며 만든 영상물에서 교육생들에게 진심이 전달된 것이다.

## 질문의 힘

질문이 중요하다는 이야기는 많이 듣지만 실행에 옮기기에는 참 어색하다. 그러나 한두 번 시도해서 질문의 힘이 보여주는 놀라운 결과를 경험하게 되면 생각이 달라진다. 노벨상을 수상한 한 학자에게 수상 비결을 묻자 그는 이 모든 것은 자신의 어머니가 한 질문 덕분이라고 말했다고 한다. 기자는 어리둥절해하다가 어떤 질문이었냐고 물었고 이어지는 대답에 고개가 끄덕여졌다고 한다.

"우리 어머니는 학교에서 돌아오면 '오늘 뭘 배웠니?'가 아니라 '오늘 어떤 질문을 했니?'라고 물어보셨어요. 그래서 늘 어떤 질문을 할까 고민했고, 그 결과 자연스럽게 탐구력과 사고력이 키워진 것 같습니다."

내가 어떤 질문을 하느냐가 나의 수준을 결정하고 그 일의 결과를 결정짓는 핵심이다. 일을 시키기 전에 어떤 질문을 할지 리스트를 만들어서 질문하는 습관을 들이면 분명 많은 것이 달라진다. 누가 시켜서 하는 것이 아니라 스스로 고민하고 행동해본 후배는 몇 배 더 큰 만족감을 느낄 수 있고, 성장한다는 기쁨에 더 많은 일을 하게 된다. 이것이 궁극적으로 나도 회사도 좋은 일이다. 시키지 말고 질문을 해보자.

☑ 일은 시키는 것보다 함께 고민해야 더 좋은 결과를 가져온다.

☑ 어떤 질문을 할 수 있는가가 나의 수준을 결정한다. 늘 질문을 고민하라.

☑ 질문은 생각을 하게도 만들지만 생각의 깊이를 더하기도 한다. 질문을 활용할 수 있는 나만의 프로세스를 만들자.

## 17 전달의 형식

# 틀에
# 연연하지는 않는가?

"사람이 온다는 건 실은 어마어마한 일이다.
한 사람의 일생이 오기 때문이다."
– 정현종의 시 '방문객' 중에서

지난 직장생활 10년을 돌아볼 때 나는 몇 번의 무서운 순간을 맞이했는데 그중 하나가 처음 업무지시를 할 때였다. 입사하고 나서 몇 년간은 시키는 일을 하는 것도 버거웠다. 그러다 좀 익숙해질 만하자 이제 후배라는 새로운 도전을 맞이하게 된 것이다.

처음으로 누군가에게 업무를 시키고 프로젝트를 책임져야 할 때 솔직히 좀 무서웠다. 동시에 '내가 지금 잘하고 있는 건가?', '바쁜데 그냥 내가 할까?', '언제 이걸 설명하고 일을 시키지?', '이렇게 시키면 날 원망할까?' 등 수백 가지 생각이 머릿속을 떠다녔다.

사람마다 직장에서 중요하다고 생각하는 순간이 다르겠지만 나는 바로 이 순간, 누군가에게 업무를 시켜야 하는 첫 순간이 가장 중요하다고 생각한다. 누군가를 이끌어보는 첫 경험이 나의 미래 리더십 스타일로 연결되기 때문이다. 그래서 첫 단추가 잘 끼워져야 한다. 언제까지나 주니어란 타이틀을 달고 살 수는 없지 않은가.

나도 그 강렬한 첫 경험을 잊을 수가 없다. 후배가 오고 얼마 지나지 않아 내가 주도해서 프로젝트를 진행해야 하는 일들이 생겨났다. 그때까지 나는 어떤 일을 시작하기 전에 보고서를 작성하는 것에 익숙했다. 그래서 나도 후배에게 보고서 초안을 써오게 했다. 그런데 처음 써온 그의 보고서는 무슨 말인지 하나도 알 수가 없었다. 내 눈에 익숙한 보고서가 아니었기 때문이다. 자동적으로 빨간 펜을 들었다. 그리고 글자 크기, 간격, 틀을 지적하고 있었다. 내가 그렇게도 싫어하던 빨간 펜 선생님 역할을 바로 내가 하고 있었던 것이다.

첫 빨간 펜 지도 이후에 가져오는 그의 보고서에는 활력이 없었다. 새로운 아이디어를 말하기보다는 내가 말한 틀 안에서 가장 안정적인 내용만을 담고 있었다. 고치라고 한 것 외에 새로운 시도는 하나도 없었다. 이론적으로는 매우 잘 알고 있다. 리더가 형식에 집착하는 순간 구성원들의 자발적인 동기부여가 약화된다는 것을 말이다. 그런데 내가 그런 행동을 하고 있었다. 부끄럽고 답답한 마음이 커졌다.

## 효과적으로 보고서를 쓰게 하자

스스로에게 물어보았다. 나는 무엇을 원하는가? 멋지고 보기 좋은 종이를 원하는가, 아니면 진짜 일이 되기를 원하는가? 보고서를 잘 써야 하는 이유는 일을 잘되게 하기 위해서다. 나의 윗사람들 생각까지 하루아침에 바꿀 수는 없지만 적어도 내가 추가적인 보고서 작성을 발생시키지는 않기로 마음먹었다.

그러나 생각보다 쉽지는 않았다. 'No 보고서'에는 많은 것이 요구되었다. 정리된 보고서가 없으니 보고하는 사람보다 내가 더 많이 알아야 했다. 사전에 더 많이 공부해야 하고 궁금하면 스스로 찾아봐야 했다. 또한 보고자의 수준이 어느 정도 성장하기까지 인내심도 필요했다. 그 고비들을 넘어가지 못하면 다시 잘 쓰인 보고서를 요구하게 된다. 한마디로 내가 더 힘든 일이었다.

이런 사이클을 한 번 겪고 나자 나 자신이 꽤 쓸모 있는 선배가 될 수 있다는 가능성을 발견하게 되었다. 비판과 지적보다는 통찰력을 발휘해 숨은 재능을 발견하고, 지시보다는 건설적인 의견을 나누는 사람, 보고를 하고 보고를 받는 사람이 아니라 일을 같이 하는 동료 말이다.

첫 경험의 충격 이후 나는 빨간 펜 운명에서 벗어나기 위해 작은 노력을 해보았다. "그냥 써오세요!"라고 일을 지시하기 전에 일을 잘 시키는 방법론을 고민했다. 어떻게 시키느냐에 따라 결과물이 매우 달라진다는 것을 동물적 감각으로 느꼈기 때문이다. 여러 시도 끝에 'Why → How → What' 순서로 일을 시키는 것이 가장 효과적이라는 걸 깨달았다. 일 주는 방법을 이렇게 나눠보자.

- Why: 이 일을 왜 네가 해야 하는지, 너의 어떤 능력이 필요한지 제시
- How: 인터넷 서칭, 전문가 인터뷰, 참고도서, 유관부서와 회의 등 그 동안 이 일을 해결하기 위해 동원한 방법들과 담당자 공유하기
- What: 내가 원하는 결과물은 아이디어 ○○개, 사례 ○○개 등 구체적으로 표현하기, 결과물의 성격 구분 짓기(새로운 것을 원하는지, 잘 알려진 것을 원하는지, 감성적인 것인지 이성적인 것인지 등)

그리고 보고받는 형식과 시간을 정해두지 않기로 했다. 구체적인 아이디어가 나오기 전까지는 발산형(divergent) 대화를 많이 하고 정제되지 않은 정보(raw data)를 공유하면서 생각을 발전시켜나간다. 그러다가 어느 순간이 되면 정리가 필요하다는 감이 온다. 그때 정리에 들어가면 된다. 일을 시키고 나서 후배가 초안을 가지고 올 때까지 기다리는 시간이 아까운가? 그 시간을 함께 활용하면 나중에 수정하는 데 들어가는 공수를 줄일 수 있다.

마지막으로 말을 줄여야 한다. 생각보다 쉽지 않은 일이긴 하다.

우리는 후배에게 아이디어를 내보라고 해놓고선 내가 더 많이 말하거나, 토론을 하자고 해놓고선 그 시간을 훈계하는 시간으로 활용하는 경우가 많다. 이는 둘 다에게 참 의미 없는 시간이다.

일을 지시하기보다는 스스로 하게 해야 한다. 실수를 하더라도 그를 통해 후배는 더 나아질 것이며, 힘든 시기를 극복하고 나면 성취감을 느낄 것이다. 내 입맛에 딱 맞지 않아도 일을 시작하고 마무리하는 기회를 제공하는 것이 선배가 해야 하는 중요한 역할이다.

## 보고서의 틀에서 벗어나자

보고서는 받는 사람에게는 참 편리한 커뮤니케이션 도구다. 잘 여과된 정보들이 내가 보기 편한 틀에 정리되어 있기 때문이다. 그러나 보고서의 틀에 연연하면 그 뒤에 숨어 있거나 또는 빠져 있을지 모르는 소중한 것들을 영원히 보지 못할 수도 있다.

회사에서 보고서를 작성할 때는 크게 두 가지 경우다. 일을 시작하기 전 누군가를 설득시키거나 이해시킬 때, 그리고 일을 마치고 결과를 공유할 때다. 사실 꼭 글로 표현해야 하는지 의문이 들 때도 있다. 그냥 말로 하면 안 될까? 그러나 아직까지 우리가 다니는 회사는 '보고서'에 많이 의지하고 있다.

말로 설득되지 않을 때 잘 쓴 보고서가 효과적일 때도 있다. 그 이유는 말로 전달하기에 한계가 있는 정보들을 담을 수 있고, 말보다 글이 더 핵심에 가깝게 정제되어 표현할 수 있기 때문이다. 그래서 여전히 보고서 쓰기는 회사에서 필요한 중요한 능력 중 하나다.

보고서는 쓰는 사람마다 중요하다고 생각하는 기준이 달라서 유난히 틀에 집착하는 사람이 많다. 반면에 그렇지 않은 사람을 만나기도 한다. 일하는 방식의 차이라서 어떤 것이 맞느냐고 물어본다면 딱 잘라 답하기가 어렵다.

틀이 좋으면 받는 사람이 이해하기 쉽다. 그러나 틀에 지나치게 집착하면 본질을 놓치게 된다. 너무나 당연한 이야기지만 둘 다 해야 하는 것이 맞다. 내용도 실하고 틀도 좋으면 얼마나 좋을까? 그러나 그건 외모도 멋있고 성격도 좋고 능력까지 갖춘 배우자를 만날 확률만큼이나 희박하다.

왜 보고는 그냥 말로 하거나, 간단한 메모나 종이에 쓰면서 하면 안 되는 것인가? 서로 대화를 하고 생각을 더하고 섞는 것은 1시간이면 충분한데, 초안 보고서를 썼다가 지우고 다시 쓰고 머리를 쥐어짜고 하루를 고민한 다음 익숙한 틀에 넣으면 더 많은 가치가 생성될까? 내가 그렇게 컸다고 나의 후배들도 그렇게 키울 필요는 없다. 이건 분명 생각해볼 문제다. 그렇게 해야 할 일과 아닌 일이 있다. 그걸 구분해내는 것이 일을 시키는 사람의 능력이다.

## 어떻게 일할 것인가

먼저 본인의 업무 특성을 제대로 파악하고 핵심역량을 발굴해야 한다. 나는 영업, 마케팅, 기획, 교육 그리고 인사 업무의 현장부터 스태프까지 해보며 한 가지 결론을 내렸다. '보고서 쓰는 능력이 모두에게 필요한 것은 아니다.'

그러나 여전히 우리나라 조직의 고질적인 문제는 '보고서 작성'이다. 아직도 대부분 리더가 어떤 일을 실행하기도 전에 완벽한 보고서를 쓰는 데 많은 시간을 할애한다. 심지어 내 후배는 코딩 개발자인데, 코딩이 왜 필요한지를 보고서로 써서 보고를 한다며 어이가 없다고 이야기한 적이 있다.

우리나라 1인당 노동생산성이 OECD 국가 중 최하위를 차지하는 이유가 여기에 있는지도 모를 일이다. 보고서라는 것이 직원의 기획이나 아이디어에서 시작하는 것이 아니라 윗사람의 입맛에 맞는 형식 및 내용으로 작성되는 것도 문제다. 그리고 보고서 작성 후에는 결재를 받기 위해 위로 또 그 위로 올라가면서 탈고 과정을 거치는데, 매우 괴롭고 장기전이다.

변화가 많지 않은 과거에는 이런 방법이 통했을지 모른다. 그러나 지금처럼 변화가 빠르고 방향을 알 수 없는 상황에서는 보고서를 써서 보고를 하는 그 시간에도 이미 환경은 바뀌고 있다. 보고서 작성에 시간을 많이 할애할수록 실행력은 떨어질 수밖에 없다.

우리가 알고 있는 세상을 바꾸는 일을 한 사람들은 아이디어가 남다르고 뛰어난 추진력이 있다는 말은 들어봤지만 보고서를 기가 막히게 잘 쓴 사람이란 말은 들어본 적이 없다.

☑ 흠잡을 데 없이 잘 만들어진 악보도 연주해보면 귀를 괴롭힐 때가 있다. 무엇이든 결과가 좋아야 한다.

☑ 익숙하고 읽기 좋은 보고서만 선호하다 보면 생각도 알맹이도 없이 틀만 좋은 보고서가 남는다. 새로운 것들은 불편하고 익숙하지 않다.

☑ 보고를 받는 것은 종이로만 가능한 행위가 아니다. 보고자와 피보고자의 생각이 화학작용을 일으켜야 새로운 가치를 만들어낼 수 있다.

# CHAPTER 6
# 일 평가하는 법

☑ 어느 장단에 놀게 하는가?

☑ 어디로 화를 내는가?

# 어느 장단에
# 놀게 하는가?

"즉흥적인 생각으로 하는 행동에는 과오가 많다.
그러나 지나치게 생각만 하면 실행력이 둔감해진다.
두 번 생각해서 옳다고 판단되면 해볼 만하다."
– 논어

회사를 다니기 시작하고 평균 출퇴근 시간이 왕복 4시간 정도 소요되었던 것 같다. 출퇴근 거리가 먼 사람들은 그 고충을 알겠지만, 어떻게 하면 그 시간을 줄일지가 적지 않은 고민이 된다. 경기도와 강남을 오가는 사람들은 버스 타는 일이 진짜 '일'이다. 내가 버스를 탔던 강남역 3번 출구도 퇴근 시간이면 버스를 기다리는 사람들이 만든 똬리가 넘쳐난다. 버스 번호에 따라 줄을 서기 시작하는데, 부족한 도로 면적 때문에 뱅글뱅글 건물을 휘감기도 하고 줄끼리 서로 섞이기도 한다. 처음 버스를 타는 사람은 어느 줄에 서야 하는지 잘 모르고 끼어들다가 싸움이 일어나기도 한다.

우리 집으로 가는 버스는 두 대였다. 난 매일 어느 버스가 줄이 더 짧을지, 어느 버스가 더 빨리 올지를 판단해서 줄을 서야 했다. 그런데 행운의 신은 내 손을 들어주는 데 인색했다. 내가 고른 버스는 늘 늦게 왔다. 오죽하면 같이 기다려주던 남자친구가 혀를 찰 정도였다. A버스 줄에 서 있다가 B버스가 먼저 오면 바로 그 줄로 옮긴다. 그러면 어김없이 A버스가 연달아 두 대가 오면서 B버스로 줄을 옮긴 나는 낙동강 오리알 신세가 되기를 여러 번. 전날 그런 경험이 있어서 처음 선 줄을 고집하고 서 있으면 다른 줄이 먼저 줄어들기 일쑤였다. 그래서 난 줄과 줄 사이를 왔다 갔다 하며 헤매는 방랑자가 되곤 했다.

사람마다 차이가 있지만 어떤 일을 결정할 상황이 오면 누구나 망설이게 된다. '정말 이게 최선일까? 더 나은 방법은 없는 걸까?'라는 의구심이 수도 없이 들지만 그 순간의 판단을 믿고 결정한다. 문제는 그렇게 결정을 내린 결과가 최고일 거라는 보장을 아무도 못한다는 것이다. 그럴 가능성은 확률적으로 매우 낮고, 의사결정을 번복하지 않을 정도의 판단력과 깡을 겸비한 능력자도 드물다. 그만큼 어려운 일이다.

일을 하는 데 있어서 심각한 결정 장애가 있으면 그건 나뿐만 아니라 여럿을 한꺼번에 괴롭히는 무기가 될 수도 있다. 이건 버스 줄을 결정하지 못하는 것과는 차원이 다른 중대한 문제다.


## 결정과 예측의 묘

사람이기 때문에 누구나 실수를 한다. 처음 한 의사결정을 번복하는 일도 있을 수 있다. 상황이 바뀌고 생각의 흐름이 달라지면 그럴 수도 있다. 가능한 일이다. 그러므로 지금 번복해서 더 좋은 결과를 가져온다면 백 번이라도 바꿀 수 있는 '사고의 유연성'을 가지고 있어야 한다. 만일 그렇지 않고 단순히 그때그때 기분에 따라, 또는 나를 더 돋보이게 하기 위해, 아니면 누군가가 시켜서 그 결정을 자꾸 바꾸면 그건 정말 심각한 병이다. 직급이 올라가고 더 중요한 의사결정을 내려야 하는 위치에서도 그렇게 한다면 조직에서 기피하는 암적 존재가 되고 만다.

우리는 무언가를 판단하고 결정을 하는 데 있어 매우 다른 프로세스를 가지고 있다. 제품을 구매하는 결정을 할 때를 예로 들어보면, 물건을 사러 가기 전에 제품 리뷰나 성능을 꼼꼼하게 따져보고 주변 사람의 추천을 받아 구매하는 사람, 직접 경험하기 전에는 절대 결정하지 못해서 체험해보고 구매하는 사람, 직원이 골라주는 걸 그냥 사는 사람 등 머릿속에 결정의 방아쇠를 당기는 포인트가 다 다르다. 그래서 '나는 어떤 결정의 창을 가지고 있는가?'를 먼저 보여줘야 한다. 어떤 창을 가지고 있는지 보여줘야 후배들이 거기에 맞는 준비를 할 것이다.

내가 상사의 입맛을 파악하기 위해 노력했던 것의 반대라고 보면 된다. 후배들은 점쟁이가 아니다. 내가 보여주기 전까지는 정확히 내가 어떤 사람인지 알 수 없다. 일을 하면서는 미스터리가 많을수록 불리하다. 무언가 결정하고 다음 노선을 알려줘야 하는 위치에 서 있는 내가 미스터리가 되어서는 곤란하다.

또 일단 결정을 했다면 그 후에 웬만해서는 흔들리지 않아야 한다. 그러기 위해서는 처음에 한 결정이 맞을 확률을 높여야 한다. 그 확률을 높일 수 있는 방법이 있을까? 그러기 위해선 어떤 능력을 가져야 하는가?

수요예측 업무를 할 때였다. '이번 주에 어떤 제품이 얼마나 팔릴까?'를 예상하는 일이었다. 내가 미래를 내다보는 예언가도 아니고, 과거의 데이터를 아무리 분석해봤자 그건 과거의 숫자일 뿐이었다. 내일 경쟁사가 마케팅 전략을 쓸지, 갑자기 천재지변으로 소비 심리가 얼어붙을지 등 내가 결정할 수 없는 많은 요인이 수요에 영향을 미친다.

처음에 예측 업무를 시작했을 때는 정확도가 50%만 넘어도 다행이라고 안도의 한숨을 쉬었다. 그러다 일 년 정도 시간이 흘렀을 때 나는 80% 이상의 정확도를 보이는 '반 점쟁이'가 되어 있었다. 어떻게 이런 일이 가능했을까? 나에게 수요예측 신이라도 내린 걸까? 아니다. 그건 순전히 첫 번째 결정을 바꾸지 않았기 때문이었다.

나는 예측 업무의 초기엔 대충 숫자를 넣고 나서 수정하는 방법을 택했다. 그렇다 보니 각종 '카더라 통신'을 들으면 곧바로 수정에 들어갔다. 그런 일이 반복되자 처음에 고려했던 변수들은 없고 결국 근거 없는 숫자들만 남았다. 어느 날 숫자들을 거꾸로 분석해보니 처음에 넣었던 예측 정확도가 훨씬 높았다.

그다음부터는 처음 숫자를 결정하는 데 시간과 노력을 더 들였다. 그리고 예측한 숫자를 지키기 위한 후단 작업들을 강화하는 데 일의 중심을 두었다. 예를 들어 청소기 판매를 100대로 예측했다면 모든 방법을 동원해서 100대가 팔리도록 지원하는 것이다. 바이어와 협상을 잘하든, 세일즈 방법을 달리하든, 할 수 있는 건 다 해본다. 결정을 하고 아무것도 하지 않으면서 그 결정이 맞기를 기대하는 건 바보 같은 짓이다.

내가 내린 결정이 맞도록 일을 맞추어가는 것 또한 의사결정을 하는 사람들의 몫이다. 그래야 의사결정을 번복하는 오류도 줄어들고 내가 내리는 결정을 믿고 따라주는 사람들이 생긴다. 예측은 빗나갈 수 있지만 내 결정을 실현시킬 수 있는 힘은 내가 만들어갈 수 있다. 그것이 예측과 결정이 가진 큰 차이다.

## 평가보다 피드백

선배가 되어가면서 가장 힘들었던 것이 후배가 가져오는 일에 대한 피드백이었다. 아직 내가 준비가 덜 된 탓인지도 모르지만 늘 피드백을 받는 데만 익숙하다가 내가 평가해서 말해주려니 그것처럼 힘든 일이 없었다. 솔직히 내가 더 아는 것이 없어서 듣고만 있던 적도 있고, 정말 마음에 안 들지만 어떻게 표현할지 몰라서 불편한 심기만 드러낸 적도 있다. 그렇다 보니 나도 후배도 무언가를 한다는 느낌보다 동영상을 일시 정지한 것 같은 느낌이 강했다.

그러다 우연히 마이클 샌델 교수의 '정의란 무엇인가' 강의를 영상으로 보게 되었다. 내용보다는 그 교수가 강의를 이끌어가는 방법이 매우 인상적이었다. 자신이 무언가를 말하기보다는 계속 질문만 하고 있었다. 교수가 하는 것이라곤 질문에 대한 답을 듣고 또다시 질문하고 내용을 정리하는 것뿐이었다. 그 강의가 가진 힘은 바로 고도로 정교하게 계획된 '질문'에서 나오고 있었다. 그는 현대사회에서는 어디서나 정보를 얻을 수 있고 교수의 역할은 학생들을 지적으로 자극하는 것이라고 했다.

어쩌면 회사에 있는 선배의 역할과 같을 수 있겠다. 보고에 대한 피드백을 할 때도 '질문'으로 자극할 수 있지 않을까? 내가 알 수 있는 내용이면 그 일을 더 많이 고민한 후배는 더 좋은 솔루션을 가져올 수 있을 것이다. 내가 고민할 것은 어떤 피드백을 줄 것이냐가 아니라 어떤 질문이 후배의 '막힌 생각의 물꼬를 틔게 해줄 것이냐?'라는 확신이 들었다.

피드백을 이끌어내는 질문을 하려면 질문에 답하는 사람보다 질문을 하는 내가 더 많이, 더 깊게 고민해야 한다. 이때 후배보다 먼저 한 경험들이 그 생각을 도와줄 것이다. 또 그 질문들은 후배의 생각을 자극하는 역할을 해야 한다. 후배가 미처 보지 못했던 부분을 내가 찾는 것이 아니라 스스로 찾을 수 있게 '질문'으로 자극하는 것이다. 내가 대신 찾아주면 내 공부는 되겠지만 후배가 방법을 터득하는 기회를 빼앗는 것과 같다. 피드백 질문 유형을 살펴보자.

- Why: 문제가 발생한 근본 원인은 무엇인가? 꼭 해야 하는 이유가 있는가?
- How: 어떻게 이 문제를 해결할 것인가? 어떤 방법이 가장 좋은 선택인가?
- What: 차별화된 대안을 만들 수 있는가? 무엇을 먼저 시작해야 하나?
- If: 만약 ~을 한다면 가능할까? 그렇게 하면 어떤 결과가 따라올까?

농악대 전체를 지휘하고 통솔하는 사람을 '상쇠'라고 부른다. 상쇠는 농악대를 이끌고 놀이를 진행시키는 지휘자 역할을 맡기 때문에, 상쇠의 쇠가락에 따라 여러 가지 진법놀이를 전개한다. 상쇠는 어느 장단에 맞춰 연주를 할지와 박자의 빠르기, 시작과 끝을 알려준다. 상쇠는 연주를 보면서 어느 장단으로 놀아야 하는지 판단하고 리드하는데, 이것을 잘해야 모두가 신나게 한판 놀 수 있다.

선배의 역할도 이런 상쇠와 비슷하다. 결정을 내리거나 보고에 대한 피드백을 할 때 방향과 핵심을 정확히 알려줘야 일하는 판이 잘 돌아갈 수 있다. 그리고 그 방향과 핵심을 알려주는 일은 항상 구체적이고 호의적이어야 한다. 구체적인 대안을 제시하지 못하거나 생각의 방향을 전환할 거리를 주지 못한다면 제대로 된 피드백이라고 할 수 없다. 누군가에게 건설적인 피드백을 하려면 분명 시간과 노력을 투자해서 업무의 흐름을 올바로 알려주자.

**전달 포인트 18**

☑ 당신은 결정하는 사람인가, 예언하는 사람인가? 가진 능력보다 자신을 더 잘 보여주는 것이 내가 한 선택이다.

☑ 상사로부터 일을 잘 받는 사람이 가져야 할 가장 중요한 능력은 '치우치지 않는 받아들임'이다. 보는 것, 듣는 것 중 내 일에 영향을 미치는 것을 잘 분별하여 흡수해야 한다.

# 어디로
# 화를 내는가?

"계속 똑같이 행동하면서 다른 결과를 바라는 것이야말로 미친 짓이다."

– 아인슈타인, 물리학자

아이를 키우는 동시에 부모는 롤러코스터를 타게 된다. 특히 아이가 감정을 표출하는 법을 알게 된 이후부터 주기적으로 '전투' 시즌이 찾아온다. 대부분 이 전투는 아이가 4세쯤 되면 시작된다. 대형마트나 백화점의 장난감 코너에 가면 원하는 장난감을 사달라고 우는 아이부터 아예 바닥에 누워서 떼쓰는 아이들을 흔하게 볼 수 있다. 이런 경우 보통 부모들은 큰소리로 윽박지르거나 엉덩이를 때린다. 호통을 쳐도 아이가 달라지지 않고 울음을 그치지 않으면 그 순간을 벗어나려고 아이가 원하는 장난감을 사준다. 그런데 아이는 정말 그 장난감 때문에 떼를 쓰고 화를 냈던 것일까?

무엇이든 자기 뜻대로 하지 않으면 화내는 아이, 황소고집으로 떼를 쓰는 아이, 무조건 소리를 지르는 아이, 물건을 던지는 아이 등 아이들이 자신의 감정을 제대로 다루지 못해 문제 행동을 하는 순간들이 있다. 아이들이 이런 행동을 하면 대개 부모에게 혼이 난다. 많은 아동심리학자의 말에 따르면 아이들이 부모에게 혼나면서도 이런 행동을 반복하는 이유는 '그렇게 행동했을 때 엄마가 관심을 가져주기 때문'이라고 한다. 엄마의 관심과 사랑을 받고 싶어서 문제 행동을 할 가능성이 크다는 얘기다.

전문가들은 아이가 이런 돌발 행동을 할 때 감정적으로 대하거나 체벌을 하는 건 아무런 도움이 되지 않는다고 말한다. 무조건 윽박지르고 혼을 낸다면 부모와 아이의 관계를 망치는 지름길이라고 말이다. 아이가 그런 문제 행동을 할 때 부드럽고 단호하게 훈육하는 것이 중요하다. 이때 빼놓지 말아야 할 일은 아이의 행동이 어떤 신호인지, 이를테면 어떤 종류의 관심을 요구하는 것인지를 읽어내는 것이다.

그런데 이런 문제가 비단 아이와 부모 사이에서만 일어날까? 어른이나 아이나 다르지 않다. 회사에서 일로 만난 관계 또한 같다. 상사의 입장에서 보면 갑자기 돌발 행동을 하는 후배, 일을 시켜도 결과가 잘 안 나오는 후배, 자신이 원하는 것만 달라고 떼쓰는 후배 등 후배들의 이상 행동에 혼란스러워하는 선배들이 많다. 마치 떼쓰는 아이를 어떻게 훈육할지 몰라 혼내기부터 하는 부모와 마찬가지로 상사도 잘못한 후배에게 큰소리로 질책하고 얼굴을 찌푸리기 일쑤다. 그들의 행동에 어떤 신호가 있는지는 잘 보이지도 들리지도 않는다.

## 화는 가슴에만 전달된다

나도 그렇게 화부터 내는 선배와 크게 다르지 않았다. 시킨 일의 결과가 마음에 들지 않고 태도가 눈에 거슬리거나, 열심히 하는 모습을 보이지 않으면 가슴 저 밑에서 울컥하고 무언가 올라온다. 그리고 바로 목소리가 커지고 거칠어진다.

언젠가 외부로 나가는 책자에 오타가 난 적이 있었다. 책자를 만든 후배는 자기 잘못이 아니고 인쇄소에서 잘못한 일이라며 변명을 늘어놓았고, 그 태도가 마음에 안 들어서 나도 모르게 크게 화를 낸 적이 있다.

"일 똑바로 못해? 도대체 오타도 안 보고 뭘 확인했다는 거야?"

"이게 본인 잘못이 아니라면 누구 잘못이야! 정말 이해가 안 가네!"

내 화를 받던 후배의 얼굴은 점점 굳어가고 눈물을 보이기까지 했다. 아무래도 반성이 아니라 억울하다는 표시였던 것 같다. 얼마 지나지 않아서 또 비슷한 실수를 했고, 그때 보인 태도 역시 지난번과 마찬가지였다. 그때 확실히 깨달았다. 내가 태산처럼 화를 낸 건 그저 내 혈압만 높이는 행위였을 뿐 별 효과가 없었다는 걸 말이다.

시간이 지나고 비슷한 일이 반복되자 화내는 것조차 지치고 힘들었다. 도대체 무엇이 잘못된 것일까? 왜 내가 화를 내고 주의를 시켜도 제대로 고쳐지지 않는 것인지 답답했다. 내가 문제인지, 상대방이 문제인지 고민이 되었다. 그리고 곧 화를 낼 때가 아니란 걸 깨달았다. 회사에서 일이라는 관계로 만난 사람이 화를 내고 혼을 낸다는 건 처음부터 맞지 않았다. 그 개념부터 바꿔야겠다는 결심이 섰다.

나의 불편한 감정을 그대로 전달하는 것이 '화'라면 그건 상대방의 가슴에만 전달되지 머리에는 전달되지 않는다. 그래서 이해가 안 되고 행동이 바뀌지 않았던 것이다. 감정이 앞선 화내기가 아니라 문제와 책임을 확인하는 질책을 시작해야 한다.

- 화내기: 감정 → 감정
- 질책하기: 문제발견 → 책임지기


### 즉흥이 아닌 대본을 쓰자

즉흥적으로 반응하는 질책보다는 치밀한 계획하에 진행할 때 더 잘 전달된다. 문제를 발견한 즉시 버럭 화를 내는 사람들은 대부분 소리만 크게 지르고 말이 꼬이거나 버벅거리는 특징을 보인다. 그 순간 본인의 감정을 컨트롤하지 못할 수도 있고, 더 위험한 건 감정에 휘말려 정확한 상황 파악을 하기도 전에 '너 때문에 기분이 나쁘다.'는 메시지만 전달하고 끝날 수도 있다.

따라서 질책을 잘하려면 치밀한 계획이 필요하다. 문제로 부각시켜야 하는 지점이 어딘지, 어느 수준의 강도로 말할지에 따라 표현 방법과 어법도 결정해야 한다. 즉 질책을 위한 대본을 준비하는 것이다. 질책을 준비하고 계획하는 동안 사안을 좀 더 객관적으로 볼 수 있고, 치밀어 올랐던 화도 가라앉힐 여유가 생긴다. 결혼하기 전날 엄마의 말씀, 남편과 부부싸움을 안 하는 방법은 화가 나는 상황이 생길 때면 그 순간을 피하고 조금 기다렸다 이야기를 시작하라던 조언이 꼭 부부 사이에만 필요한 것은 아니었다.

## 사람이 아니라 사실에 집중하자

질책할 때 가장 경계해야 할 일은 사람을 향해 화를 내는 일이다. 사람을 향해 화내는 말들은 오히려 듣는 사람으로 하여금 잘못은 잊고 그 말 자체가 주는 상처에 야속한 마음만 키우는 역효과를 내게 만든다. 예를 들어 이런 말들이다. "너는 그래서 안 돼!", "네가 하는 일이 뻔하지 뭐.", "뇌가 있는 거야, 없는 거야?"

자신의 실수에 대해서 누군가 이렇게 말을 하면 기분이 어떨까? 사람을 죽인 것도 아니고 나라를 팔아먹은 대역죄도 아닌데 너무 심하다면서 상대방을 먼저 탓하게 된다. 질책하는 목적을 달성하려면 자기반성부터 일어나야 하는데 그런 건 물 건너간 지 이미 오래다. 사람의 마음은 다 똑같다. 상대방의 기분을 상하게 하면 질책을 잘 전달할 확률이 매우 낮다.

우리가 질책을 하는 목적은 크게 두 가지 정도다. 첫째는 잘못된 일, 즉 문제를 빠르게 해결하는 것이다. 둘째는 잘못에 대해 책임지는 법을 가르치는 것이다. 내 기분이 나쁘다고 무조건 화를 내거나 그 사람의 기분을 나쁘게 해서는 안 된다. 질책의 목적을 달성하기 위해서라도 질책을 할 땐 사람이 아니라 사실에 집중해야 한다.

어떻게 하면 사실 자체에 집중할 수 있을까? 가장 간단한 방법으로는 실행한 프로세스를 복기하면서 잘못된 '문제'를 찾는 것이다. 후배와 같이 단계별로 짚어가면서 어떤 것이 원인인지, 어떤 행동이 잘못된 조치였는지 한 가지씩 확인하다 보면 문제가 자연스럽게 드러난다. 이 방법은 화를 내는 것도 아닌데 상대방은 조금씩 부담감을 느낀다. 어디서 어떻게 잘못했는지를 스스로 찾아내면서 '잘못'을 인정하는 시간을 갖게 되는 것이다. 내 입에 더러운 말들을 담지 않아도 스스로 자기 잘못을 인정하게 될 것이다.

"선배님, 제가 이 부분을 잘못했습니다."

그 뒤에 꼭 따라가야 할 것이 어떻게 책임지는지를 알려주는 일이다. 잘못에 대해 전적으로 책임을 지게 하는 등 불이익을 주라는 이야기가 아니다. 대외적으로는 후배를 보호하는 핵우산이 되어주되 그 안에서 본인의 잘못을 만회할 기회를 꼭 주도록 하자. 그 일을 해결하는 법을 알려주고 행동으로 옮기게 하든지, 비슷한 업무를 다시 주고 일을 해결하는 경험을 하게 하면 좋다. 실패한 상태로 방치하면 트라우마가 생겨서 다시 도전하는 의지를 잃을 수도 있다. 그러면 병력에 손실이 생기니 나만 손해다. 자신의 상처를 딛고 일어설 수 있는 방법과 길을 찾고 해결하는 경험을 통해 치료하는 시간이 꼭 필요하다. 상처가 아물고 나면 그 후배는 더 단단해질 것이다.

## 칭찬은 뜨겁게, 화는 차갑게

화내고 소리 지르는 일이 반복되다 보면 그때부터는 내가 이상한 사람이 된다. 나도 한때는 '독녀', '마녀', '성질녀' 등 온갖 별명을 만들어내는 '효과 없는 화'를 내던 사람이었다. 타고난 성격도 다혈질인 데다 급하고, 남의 잘못은 누구보다도 잘 보는 눈을 가지고 있어서 후배들이 와서 잘못하면 그 자리에서 소리를 질러댔다. 그러나 몇 번 실패를 겪으면서 '화'는 내고 안 내고의 문제가 아니라 어떻게 내느냐가 중요하다는 사실을 깨닫게 되었다.

신입사원 입문 교육을 진행하던 시절에 신입사원들의 정신 무장을 위해 의도된 화를 내는 경우가 있다. 지각, 교육 중 딴짓, 졸기 등 교육 태도가 좋지 않으면 꼭 그런 일들이 벌어진다. 처음엔 조용히 시작하다가 나중엔 소리가 점점 커지면서 대노하는 나를 발견할 수 있었다. 화를 낸 그 순간은 다 고개를 땅에 떨어뜨리고 듣는다. 잘 전달되는 것 같다. 그러나 짧게는 몇 시간 후 또는 그다음 날에 내 화가 전혀 전달되지 않았다는 것을 알 수 있었다. 나는 아무 효과도 없는 화를 내고 있었던 것이다.

몇 차례 화를 내본 결과, 내가 소리를 지르고 무언가를 집어던지는 행위를 할 때 가장 효과가 없었다. 교육생 몇 명이 지나가면서 "우리 진행자 완전 이상해!"라고 말하는 소리도 들었다. 그다음부터 방법을 바꾸기 시작했다. 잘못에 대해 말할 땐 '세상에 저런 사람도 있구나.' 할 정도로 차가운 표정과 말투로 지적했다. 내가 할 수 있는 가장 차가운 모습으로 화를 전달하는 것이다. 그러나 칭찬할 일이 있을 때는 개인적으로 불러서 진심을 다해 온 마음으로 기뻐하고 칭찬해 주었다.

그러고 나자 나는 그들에게 '무서운 사람'이 되어 있었다. 뜨겁게 화를 낼 때보다 차갑게 화를 전달할 때 더 두렵고 무섭게 느껴진 것이다. 회사는 좋은 일보다는 싫은 일이 더 많고, 잘되는 일보다는 잘 안 되는 일이 많다. 그 말은 칭찬할 일보다 질책할 일이 더 많다는 뜻이다. 그런데 질책할 일이 있을 때마다 에너지를 다 쏟아서 화를 낸다면 내 마음은 어떻게 될까? 화를 내도 문제가 해결되지 않고 똑같은 실수가 반복된다면 왜 계속 화를 내야 하는가? 화가 나는 일이 생기면 우선 머리를 차갑게 식힌 후 냉정하게 화를 전달해보자. 대신 좋은 일에는 뜨거운 가슴으로 칭찬해주자. 그러면 후배들은 알아서 칭찬을 들을 일만 하는 사람으로 변해갈 것이다.

회사생활을 하다 보면 어느새 상사와 후배 사이에 딱 끼인 샌드위치 신세가 되는 시기가 도달한다. 아직 일을 주기보다는 받기에 익숙하고, '나 하나 관리하는 것도 힘든데 누굴 챙겨야 하나?'라는 부담감에 시달리는 시기다. 이 시기는 누구도 피할 수 없다. 이 지점을 잘 지나야 내가 원하는 위치로 갈 수 있다. 두렵다고 가는 세월을 막을 수 없듯, 점점 위로 올라가는 '무게'에 익숙해져야만 한다.

위로 올라가는 무게 중 가장 무거운 것이 누군가를 질책하는 일이다. 싫은 소리는 누구든지 하기가 참 힘들다. 그렇다고 해서 좋은 것이 좋다며, 싫은 소리 한마디도 안 하는 좋은 사람으로만 살 수는 없다. 싫은 소리를 해야 한다면 핵심을 전하되 듣기 싫지 않게 전달하는 것이 중요하다. 부정적인 신호를 잘 전달하고 후배가 그런 실수를 반복하지 않도록 도와주는 것이 일을 시키는 사람이 짊어져야 할 무게다. 자신이 지금 어디로 화를 내고 있는지 돌아보면 그 해답을 쉽게 찾을 수 있다.

☑ 뜨거운 가슴으로 칭찬하고 차가운 머리로 화내는 연습을 시작하자.

☑ 화를 내는 목적이 상대를 변화시키는 것이라면 지금까지와는 다른 방법으로 화를 내야 한다.

☑ 화를 잘 전달하면 일이 해결되고, 잘못된 방법으로 화를 전달하면 일이 더 꼬인다.

# PART 3

# 현명하게 비켜 서는
# 갈등 관리법

직장에 들어오는 순간 모든 것이 팀플레이(team play)다.
고독한 천재는 능력을 발휘하기도 전에 뽐낼 자리가 없어지기도 한다.
여러 사람이 일하는 회사에서는 내가 가진 것을 잘 나눠주고
부딪히지 않고 잘 비키는 신기술을 터득해야 성공할 수 있다.

# CHAPTER 7

# 실수 비키기

☑ 나만의 노하우가 있는가?

☑ 나에게 보낸 적이 있는가?

☑ 어떤 일을 하고 있는가?

☑ 업무 내용만 관리하는가?

# 나만의 노하우가
# 있는가?

"명확하게 쓰는 사람들은 독자를 갖게 되고,
불명확하게 쓰는 사람들은 평론가를 갖게 된다."
– 알베르 카뮈, 프랑스 철학자·작가

다음은 어떤 사람의 특징일까?

• 자기 자신의 미래에 대한 뚜렷한 목표가 없다.

• 상대의 꿈을 저지하는 것이 삶의 보람이다.

• 단독으로 움직이거나 소수 인원으로 행동한다.

• 항상 무슨 일이 일어난 다음에 행동한다.

• 수동적인 자세를 취한다.

• 언제나 화가 나 있다.

이끌든지 따르든지 비키든지

개인적으로 강의 초입에 자주 내는 퀴즈다. 이 퀴즈를 내면 여기저기서 소리친다. '루저', '악당', '거지' 등 다양한 이야기가 나온다. 그러나 이 모든 특징이 우리가 잘 아는 '영웅'이라고 말하면 바로 무릎을 치거나 한 10초 후 '아!'라는 탄성이 이어진다. 아직 믿기 어렵다면 영화 속 영웅 한 명을 머릿속에 떠올려보자.

각종 맨 시리즈에 나오는 영웅들, 즉 슈퍼맨, 스파이더맨 모두가 평범하다 못해 조금은 못났고 자신감이 없고 늘 악당들이 먼저 일을 저지르면 그제서야 수습을 하러 다닌다. 어떤 영웅이 처음부터 영웅이라고 불리는 경우가 있던가? 매우 드물다.

대부분 영웅이라고 불리기 전 주인공들의 모습은 앞에서 묘사한 것처럼 '찌질함'을 크게 벗어나지 않는다. 평범한 주인공이 영웅으로 탄생하기까지는 조금 특별한 '여행'이 필요하다. 평범한 주인공들은 특별한 계기로 자신만의 모험을 시작하게 되고 그 여행을 통해 정신적, 육체적 능력이 성장한다. 그리고 교활하고 능력 있는 악당을 제거하고 나서야 '영웅'이라는 타이틀이 주어진다.

영웅은 탄생하는 것이 아니라 발견하는 것이다. '성공하는 직장인 되기'도 마찬가지다. 학생에서 직장인이 되는 순간 새로운 여행이 시작되었다. 서점에 있는 많은 책이 이렇게 말한다. '오늘부터 전혀 다른 사람이 되세요!' 그러나 솔직히 쉽지 않은 일이다. 왜냐하면 그동안 살아온 시간도 '나'이기 때문이다. 아무개로 살아온 20~30년 세월을 무시할 순 없다. 완전히 다른 사람이 될 수는 없지만 내 안에 있는 '또 다른 나'를 발견하는 것이라면 조금 쉬운 이야기가 될 수 있고 해볼 만한 도전일 터다.

일을 한다는 것을 크게 전달을 잘해야 하는 의미라고 본다면 자신의 능력을 발견하는 시간을 줄일수록 경쟁력이 높아진다. 여기서 주의할 점은 나만이 할 수 있는 방법이 있어야 한다. 그래야 '나'여야 하는 이유가 생긴다.


## 나만의 무기를 발견하라

나만의 무기를 발견하라는 말은 일하는 사람으로서 내가 가진 강점이 무엇인지 발견하고 그걸 잘 쓸 수 있어야 한다는 말이다. 그러려면 자신을 최대한 객관적으로 분석해봐야 한다. 나는 어떤 사람이고, 내가 가진 어떤 면을 부각시킬 것이며, 내게 부족하고 보완해야 할 것은 무엇인가에 대한 진지한 고민이 필요하다.

직장에서 일을 하다 보면 학교에서는 몰랐던 새로운 능력들이 발견되기도 하고 생각이 바뀌기도 한다. Why, What, How, If를 가지고 틀을 만들고 하나씩 채우다 보면 무기를 만들기 위한 분석을 마칠 수 있다.

- Why do you do? 내가 선택하는 가치와 중요하게 생각하는 것

- What are you? 나를 표현할 수 있는 단어

- How do you do? 내가 하는 방법

- If you were 만약에 내가 ~라면 내게 부족한 것, 하고 싶은 것

## 전달 내용에 따라 얼굴을 바꿔라

일을 전달할 때 내용만큼 중요한 것이 나의 이미지다. 그 일을 누가 전달하느냐에 따라 내용을 보지 않고도 짐작할 수 있기 때문이다. 따라서 늘 실패하고 힘든 이미지보다 이 사람이 하면 믿을 수 있고 성공 확률이 높다는 느낌을 주는 것이 중요하다.

가지고 있는 걸 보여주는 것도 중요하지만 내가 되고 싶은 것, 닮고 싶어하는 모습을 보여주면 어떨까? 설사 내가 지금 그런 사람이 아니더라도 그 모습을 그리고 그렇게 행동하면 그런 사람이 될 수 있다. 그게 정말 가능하냐고 의심할지도 모르지만 해보면 가능하다는 걸 알게 된다.

지난 10년을 뒤돌아보면 각 시기마다 사람들이 기억하는 나의 이미지가 다 다르다. 영업할 때 만났던 사람은 나를 '송 중사'라고 불렀다. 심지어 여군을 다녀왔다는 소문도 돌았다. 너무 독해서 찔러도 피도 안 나올 사람이라고 했고, 대부분 '여장부'로 기억한다. 기획팀에서 일을 할 때는 잘 웃고 긍정적인 사람으로 기억하는 편이고, 계

약 관계로 만난 파트너들은 대부분 나를 보수적이고 까칠한 여자로 생각한다. 같은 교육 일을 할 때도 이미지는 극과 극이었다. 신입사원 교육을 할 때는 무서운 선배로 기억하는 후배들이 더 많았다. 그러나 창의 교육과정을 개발할 때 만난 사람들은 창의적이고 재미있는, 톡톡 튀는 사람이라고 말한다.

어떻게 이런 일이 가능한 것일까? 나는 다중인격이란 말인가? 그렇지 않다. 하는 일에 따라 내가 가진 능력 중 가장 부각되는 모습을 보여준 것뿐이다. 일의 내용만큼이나 전달하는 방법과 도구를 적절하게 사용하는 것도 능력의 일부다. 적당한 계산과 우연이 만들어내는 드라마가 우리에겐 필요하다.

- 말하기, 프레젠테이션: 편안하고 강한 메시지가 있는 강의 디자인
- 파워포인트, 디자인: 이미지 중심의 파워포인트를 학습하고 연구
- 기획, 발상력: 단순하고 쉽지만 가치 있는 것이 무엇인지 고민
- 체력, 강력한 추진력: 체력을 유지할 수 있는 운동, 식단 스케줄 유지

다시 영웅 이야기로 돌아가보자. 여행을 마치고 돌아온 영웅들은 다시 자신의 삶으로 돌아가 평범한 일상을 보낸다. 그러다가 영화의 마지막 장면에 다시 악당들이 나타나면 출동 준비를 하며 속편을 예고한다. 직장도 마찬가지다. 직장에서 영웅이 되기 위해 개발한 나의

모습은 한 번만 쓰고 없어지는 것이 아니다. 언제든 그 일을 맡을 때면 다시 꺼내서 쓸 수 있다.

누구나 영웅이 될 수 있다. 세상을 구하고 대단한 능력을 타고난 사람만 영웅이 아니다. 나의 강점을 알고 사용할 수 있고 원하는 모습으로 나를 만들어가는 사람이 바로 이 시대 직장에서 영웅이다. 나의 능력과 이미지를 명확하게 만들면 일을 잘 전달하는 큰 힘을 만들어낼 수 있다.

**전달 포인트 20**

☑ 나만 할 수 있는 일을 만들수록 나를 찾는 사람이 많아진다.

☑ '나'라는 사람 자체가 일을 전달하는 포장지가 될 수 있다. 같은 일도 누가 전달하느냐에 따라 다르게 느낄 수 있다.

# 나에게
# 보낸 적이 있는가?

> "자신을 신뢰하라. 당신의 지각능력은
> 당신이 생각하는 것보다 훨씬 더 정확한 경우가 많다."
> – 클라우디아 블랙, 심리학 박사

사원 교육을 진행할 때 마치 의식처럼 진행하는 이벤트가 있었다. 이제 교육을 마치고 전쟁터로 나가는 후배들을 위한 정신 무장, 즉 본인들의 직장생활을 설계하는 일이다. 신입사원 교육에서 하는 흔한 미래설계 프로그램이긴 하지만 특별히 더 하게 하는 것이 있는데, 일명 '나에게 보내는 편지'다. 자신이 세운 직장생활 계획을 일 년 뒤에 받아보는 예약 메일로 발송하는 일이다. 타임캡슐 같은 것이라고나 할까? 그리고 본인 이외에 두 명의 참조자(증인)를 지정하여 보내게 한다.

물론 강제 사항은 아니지만 가능하면 나도 거기 포함시키게 했다. 생각보다 그 한 통의 메일이 큰 힘을 발휘할 때가 있다. 일 년이 지나고 내가 누구인지 가물가물해질 때쯤 받아보는 '나에게 보낸 편지'는 처음 마음, 즉 '초심'을 상기시키는 의미 있는 기능을 한다.

시작하는 사람의 마음은 누구나 다 같다. 후배들이 쓴 메일은 대부분 '열심히 해보자.', '끝까지 가보자.', '높이 가자.' 등 자신이 할 수 있는 최대한의 능력과 마음을 표현하고 있다. 처음부터 '여기까지가 한계다.', '해봤자 소용없다.', '잘될 수가 없다.'라고 이야기하는 사람은 거의 없다. 이렇게 작성된 그들의 메일은 나에게도 긍정적 환기가 된다.

후배들이 보낸 편지에 답장을 쓰면서 묻는다. '지금도 그 목표는 변함이 없는지, 혹시 힘들어서 포기하려고 하진 않았는지, 만약 그렇다면 다시 일어나봐라, 나는 널 믿는다…' 이렇게 쓰는 나의 답장은 사실 후배가 아니라 나 자신에게 하는 말이었다.

이처럼 나에게 전달하는 일은 성찰(reflection)에 큰 힘을 발휘한다. 꼭 성찰의 기능이 아니더라도 나에게 전달하는 일은 중요한 단계다. 남에게 잘 전달하기 위해서는 상황과 내용을 깊이 이해하고 내 언어로 표현할 수 있어야 하기 때문이다. 상대방에게 제대로 전달하기 위해 먼저 나에게 어떻게 전달해야 할지 이야기해보고자 한다.

## 무엇을 보낼 것인가

먼저 무엇을 보내는가를 구분해봐야 한다. 이는 일의 종류, 상황에 따라 달라진다. 크게 보면 일정을 체크하고 관리하는 일, 아이디어를 내고 기획하는 일, 협상하고 판매하는 일, 무언가를 개발하고 만들어내는 일이다. 이렇게 구분하면 그 일에 따라 보내야 할 것들이 달라진다.

일이라는 것이 매일 반복되는 단순한 업무부터 생각을 깊게 해야하는 창조 작업까지 다양하게 이루어지기 때문에 일의 종류에 맞게 어떻게 보낼 것인지를 정해두어야 한다. 일의 종류에 따라 보낼 것들을 구분하면 다음과 같다.


## 일정을 전달하려면 시간을 기획하라

매일 챙겨야 하는 일정들은 자칫 갑자기 일이 많아지거나 바빠지면 놓치기 십상이다. 어떤 때는 '나도 비서가 있었으면…' 하는 생각이 간절하다. 시간은 누구에게나 공평하게 하루 24시간이 주어지지만 누구나 동일하게 사용하지는 않는다. 바쁠수록 여유를 찾는 방법은 그 시간을 기획(organizing)하는 것이다.

시간을 기획하기 위해서는 처리해야 하는 일정을 시급한 일과 중요한 일로 나누어야 한다. 그리고 그 일을 처리하는 시간 단위로 일정을 계획하면 된다. 출근해서 본격적으로 일을 시작하기 전에 워밍

업을 이렇게 하는 것이다. 일을 시급성과 중요도를 따져서 나누고, 소요시간을 1차 마감기한으로 설정한다. 처음에는 잘 안 될 수도 있지만 되도록 그 시간 안에 끝내본다.

그리고 일정관리 애플리케이션을 활용해 메일과 휴대폰으로 일정을 알려주는 서비스도 사용해보길 권한다. 이렇게 일정을 분류하고 관리하다 보면 시급한 일만 한다거나 중요한 일만 하다가 시기를 놓치게 되는 오류를 줄일 수 있다.

### 생각을 전달하려면 노트에 적어라

적는 것의 중요성은 많은 사람이 이야기하고 검증해왔다. 레오나르도 다빈치가 많은 발명품 때문에 유명하기도 하지만 정작 위대한 발명품은 그가 쓴 아이디어 노트가 아닐까. 그가 해온 수많은 메모와 스케치 속에 그의 모든 아이디어가 녹아 있다.

일을 할 때는 생각을 적는 노트와 업무를 적는 노트를 따로 가지고 있는 것이 좋다. 나는 회의용, 업무용, 생각용을 따로 썼는데, 처음에 같이 쓰다 보니 뒤죽박죽 섞여서 알아보기 힘들었다. 어떤 사람은 글쓰기가 익숙하지 않아서 힘들다고 한다. 나도 그런 사람 중 하나다. 일기도 매일 쓰지 않고 생각날 때, 쓰고 싶을 때, 큰 일이 있을 때만 쓴다. 왜냐하면 노트는 매일 적는 것에 핵심이 있는 것이 아니라 잊지 않기 위해 기록하는 것이기 때문이다.

내 노트에는 글보다는 이상한 그림, 기호, 암호 같은 것이 더 많다. 어떤 날에는 그날의 기분을 나타내는 단순한 그림이 그려져 있기도 하고, 아이디어를 표현하는 밑그림이 그려져 있기도 하다. 다시 보면 그날 무슨 일을 했고 어떤 감정이었는지도 알 수 있다. 노트는 내 생각을 담고 발전시키는 보조 장치이지 누군가에게 보여줄 글짓기가 아니다.

이처럼 노트는 학창시절에 하던 빽빽한 필기 이상의 힘을 가지고 있다. 바로 생각을 적고 표현하고 연결하는 공간이 되는 것이다. 디지털 시대를 이끄는 기업의 경영자들도 아날로그 노트를 사랑하는 데는 그만한 이유가 있다.

페이스북의 최고운영책임자 셰릴 샌드버그는 노트에 자신의 생각을 적고 정리하여 경영 노트로 활용한다. 매 회의 시간마다 스프링으로 제본된 공책을 들고 들어가는데, 공책 안에는 회의 주제와 함께 실천방향이 적혀 있다. 그녀는 공책에 적힌 것을 하나하나 지워가며 빠뜨린 것이 없는지 점검한다.

나이키의 최고경영자 마크 파커는 경영만 하는 것이 아니라 직접 제품 디자인도 한다. 늘 몰스킨 노트를 팔에 끼고 산책을 하면서 미팅을 진행한다. 그가 랜스 암스트롱과 회의를 진행할 때면 그의 공책에 낙서를 하며 아이디어를 끄집어내고 회의가 끝날 때쯤 암스트롱에게 그의 그림을 보여주었다고 한다. 또 "낙서를 끄적거리는 것은

브레인스토밍의 한 과정이며 디자인과 경영 사이에 균형을 잡게 해
줍니다."라고 강조했다고 한다.

　세계 최대 온라인 리뷰 사이트인 옐프의 경영자 제레미 스토플맨
은 매주 자신이 직접 쓴 보고서를 가지고 직원들과 1:1 미팅을 진행
한다. 본인이 먼저 생각을 전달하고 직원들의 요구를 직접 들으면서
문제 해결의 실마리를 찾는다고 한다.

### 자료를 전달하려면 인사이트 창고를 만들어라

　기획하는 일을 할 때 추천하고 싶은 방법인데, 바로 평소에 참고
자료를 정리하는 습관을 들이는 것이다. 일을 하다 보면 자료를 찾는
시간도 줄여야 할 때가 있다. 인터넷에서 찾는 방대한 자료에서 질
높은 자료를 골라내는 데도 시간이 꽤 걸린다. 평소에 정보를 고르고
정기적으로 새로운 정보가 나를 찾아오게끔 프로세스를 갖추어야
한다. 나는 이것을 내 생각을 자극할 수 있는 '인사이트(insight) 창고'
라고 부른다.

　먼저 각종 리서치 사이트에서 자료를 받는 메일 계정을 별도로 운
영한다. 그리고 그 메일을 확인하는 시간을 꼭 갖자. 경제연구소, 저
널 사이트 등에서 발간하는 자료만 업데이트해도 나의 정보는 고인
물이 아니다. SNS도 편리한 보물창고가 될 수 있다. 누군가가 공유
하는 자료들을 실시간으로 볼 수 있는 아주 좋은 매체다. 다양한 분

야를 한 번에 접할 수 있고 아마추어부터 전문가의 견해까지 폭넓게 접할 수 있다.

마지막으로 자신만의 셀프 보고서를 만드는 걸 즐겨보길 권한다. 여기서 말하는 보고서는 업무에 직접 도움이 될 수 있는 내 생각을 아무런 구애 없이 한번 써보는 것이다. 가끔은 이렇게 작성한 보고서들을 주변인들에게 발간해도 좋다. 서로의 생각을 나누는 좋은 기회를 마련할 수도 있고 내 생각을 좀 더 정교하게 만들 수도 있다.

작성에 필요한 자료들은 하드에 별도로 관리하는 것이 좋다. 인터넷 서핑으로는 찾을 수 없는 고급 자료, 경쟁사 자료, 과거 선배들이 물려준 보고서 족보들은 특별히 잘 관리한다. 특히 잘 쓴 내부 보고서들은 일할 때 가장 먼저 참고해야 할 '족집게 참고서'와도 같다. 이런 참고서를 많이 갖춘 사람이 능력 있는 사람이다. 이 족집게 참고서 활용법은 보고서 장르 편에서도 소개한 바 있다.

전달에 있어서 나에게 보낸다는 것은 '전달' 그 이상의 의미를 지니고 있다. 남에게 잘 전달하기 위해서는 '잘 준비된 나의 능력'이 필수 조건이다. 전달할 준비가 얼마나 되었느냐가 전달의 질과 수준을 결정하기 때문이다. 나에게 전달하기의 중요성은 재차 언급할 필요가 없을 것 같다. 그래서 이런 노래도 있지 않은가.

"네가 나를 모르는데 난들 너를 알겠느냐!"

☑ 평소에 '나에게 보내기'를 늘 준비하라. 나를 통해 전달하는 '가치'가 있어야 내가 가진 능력도 밝은 빛을 낼 수 있다.

☑ 나 자신과 마주하는 가장 쉬운 방법은 바로 '기록하기'다. 내 생각, 마음을 적을 때 가장 순수한 모습으로 나를 마주할 수 있다.

# 어떤 일을 하고 있는가?

"우리는 인생에서 수많은 선택의 순간을 맞이한다.
그 선택에 따라 우리의 인생이 달려 있다."
- 장 폴 사르트르, 프랑스 작가

직장인이 되고 나서 적응하기 힘들었던 것 중 하나는 선택의 주체가 바뀐다는 것이었다. 암흑의 수험생 시대를 마무리하고 대학생이 된 이후 가장 신이 났던 일은 내가 듣고 싶은 과목을 고를 수 있고, 교수님도 내가 선택할 수 있다는 것이었다. 쉬는 시간에 무엇을 할지, 오늘은 어떤 공부를 할지도 내가 선택하고, 그 선택에 대한 책임과 의무를 다하면 어느 정도 성과도 따라왔다.

그러나 회사는 더 이상 그런 선택의 재미가 없다. 물론 실력이 좋아지고 힘이 생길수록 선택하는 힘을 가지게 되지만, 처음에는 내가 선택할 수 있는 건 없다고 보면 된다. 내가 원한다고 그 회사에 들어 갈 수도 없다. 결국 회사가 나를 선택해야 일을 할 수 있다. 들어가서 도 내가 함께 일하고 싶은 상사나 동료를 고를 수 없다. 특별한 경우 를 제외하고는 누구와 일하느냐, 무슨 일을 하느냐는 내가 아닌 조직 의 선택이다.

이렇게 선택의 주체가 나에서 회사로 이행되는 과정을 자연스럽 게 받아들여야 혼란이 발생하지 않는다. 대부분 이 혼돈의 시기를 이 겨내지 못하면 그때부터 힘든 시간이 시작된다. 비교하면 할수록, 속 상해하면 할수록 내 마음만 복잡하고 우울해진다.

'내가 어떻게 들어온 회사인데 이런 일을 하지?'

'왜 나만 이런 부서야. 동기네 상사는 좋아 보이던데….'

이런 생각들은 앞으로 나의 직장생활을 괴롭힐 뿐 전혀 도움이 되 질 않는다.

그렇다고 영원히 선택할 수 있는 권한이 없는 것은 아니다. 언젠가 는 그 권한을 갖게 된다. 그런데 내가 원하는 사람, 내가 원하는 일을 선택할 수 있는 권한이 주어지기까지는 일정 시간이 걸린다. 물론 안 타깝게도 오랜 시간이 지나도 얻지 못하는 사람도 많다. 그러면 계속 슬퍼하기만 해야 하는가? 그렇지 않다. 내가 선택할 수 없다면 내가 좋은 선택의 대상이 되면 된다. 누구나 좋은 선택을 하고 싶어하기 때문이다.

## 나의 꼬리표

얼마 전 리더십 분야에서 석학으로 꼽히는 프랑스 인시아드 대학원의 장 프랑수아 만조니 교수가 재미있는 연구 결과를 발표했다. 상사들은 부하직원들을 무의식적으로 구분하는데, 인그룹과 아웃그룹으로 나뉜다고 한다. 즉 일 잘하는 사람과 일 못하는 사람으로 분류하여 꼬리표를 달아놓고 일을 시킨다는 것이다.

사람이니까 그럴 수 있겠다고 생각했는데, 더 무섭고 흥미로운 건 유능한 직원도 상사가 '일을 잘 못하는 직원'이라고 여기면 실제로 무능해진다는 것이었다. 그리고 이것을 '필패 신드롬(set-up-to-fail syndrome)'이라고 부른다. 상사와 부하가 이 악순환에 빠지게 되면 상사는 자신의 예상과 판단에 부합하는 증거만 보게 된다. 그래서 한 번 무능한 직원이라고 찍으면 그 직원이 일을 아무리 잘하더라도 상사는 알지 못한다는 것이다. 이런 확증적 편향(confirmatory bias)이 필패 신드롬의 주요 원인이라고 한다.

막연하게 느끼고 있던 사실이었는데 이론적으로 밝혀지니 '물개 박수'를 칠 수밖에 없었다. 그러고 보니 그런 경우를 많이 목격했었다. 처음부터 일을 못하는 사람은 아니었는데 어느 순간 꼬리표가 달린다. 무서운 건 그 꼬리표는 어떤 일정 프로세스가 있는 게 아니라 지극히 주관적인 판단의 결과라는 사실이다. 일을 받는 사람의 기준에 부합하지 못해서일 수도 있고, 목소리가 너무 크다거나 말투가 싫어서 또는 성격이 안 맞아서 등 촉발하는 원인이 다양한 것이 문제다. 그래서 특정한 촉발 원인을 찾아 문제를 해결하는 것이 매우 어렵다. 참으로 억울한 일이다.

영업하던 시절 동지들끼리 만나면 빼놓지 않고 이야기하는 '매운탕 사건'이 있다. 당시 구성원의 단합, 친목, 전략 구상을 위해 분기별로 워크숍을 떠났었다. 새로 전입한 한 선배가 그 워크숍 이후 일주일 만에 옆 부서로 전배를 가게 되었다. 알 수 없는 발령에 모두들 당황해하며 원인을 찾아보다가 우리는 워크숍 때 먹지 못한 매운탕 때문이라고 결론을 내렸다.

저녁 식사시간에 잘 끓인 매운탕을 들고 부엌에서 나온 선배가 모임 장소로 가다가 넘어져서 그만 매운탕을 바닥에 다 쏟고 말았다. 결국 그날은 매운탕 없는 저녁을 먹게 되었다. 공교롭게도 매운탕은 우리 상사가 참으로 좋아하던 메뉴였다. 물론 그 일이 직접적인 발령의 원인이 아니겠지만 그 첫인상이 영향을 미쳤을 것이라며 농담을 했었다.

상사가 붙이는 꼬리표는 내가 전화를 하는 동안 무심코 던진 말, 생각 없이 한 행동 등 내가 컨트롤할 수 없는 영역이 원인일 수도 있다. 그렇다면 너무 불공평하지 않은가? 원래 인생은 미치도록 불공평하다. 그래서 나의 꼬리표를 처음부터 잘 관리해야 한다. 한 번 붙은 꼬리표를 바꾸려면 상당한 시간과 노력이 필요하기 때문이다.

## 선택적 받기

수많은 리더십 연구 결과 권력자가 자신을 어떻게 생각하느냐에 따라 일을 하는 데 영향을 받는다고 한다. 어릴 때는 부모나 선생님이, 직장에서는 상사가 그 권력자 역할을 하게 된다. 나도 믿어주는 상사를 만났을 때 더 열심히 일하고 성과를 만들기 위해 앞뒤 가리지 않았던 기억이 있다. 누군가 나를 믿고 일을 맡겼다는 자부심, 중요한 일을 하고 있다는 사명감, 이 일을 잘해내면 가치가 생긴다는 믿음이 있었기 때문이다.

여기서 문제는 '어떻게' 그렇게 되느냐다. 먼저 상사가 생각하는 '일 잘하는 사람' 그룹에 들어가야 한다. 회사의 일은 불공평하게 나뉘진다. 일을 잘하는 사람에게 많은 일이 주어지고 가치 있는 일이 간다. 일을 못한다고 생각되는 사람에게는 그렇지 않은 일들이 주어진다. 내가 지금 '잡일'만 한다는 생각이 든다면 상사가 생각하는 나의 그룹을 확인할 필요가 있다.

그리고 일을 선택할 줄 알아야 한다. 학교에 학년이 있듯이 단순한 일부터 하다가 어렵지만 중요한 일로 단계적으로 올라갈 것이라는 순진한 생각을 해서는 안 된다. 물론 일을 처음 배우는 신입사원의 경우는 해당되지만 일정 시간이 흐르고 직급이 올라갈수록 이 법칙은 성립되지 않는다. 남들이 바빠서 마구 던진 일, 누군가를 돕기만 하는 보이지 않는 일을 하는 사람은 계속 그런 일만 맡게 된다. 그

　　　　　　　　　이끌든지 따르든지 비키든지

리고 어느 순간 '나는 중요하지 않은 일을 한다.'고 자각하게 되면 의욕이 없어지고 날이 갈수록 '일을 못하는 사람'으로 여겨지는 무서운 사이클로 들어가게 된다.

그래서 일을 받을 때는 그 일의 가치와 중요도를 생각하고 받아야 한다. 동시에 평소 나의 능력과 태도를 믿고 일을 맡길 수 있도록 상사의 신뢰를 얻어야 한다. 또 만일 누군가를 도와서 일을 하는 위치라면 본인의 기여도를 꼭 알려야 한다. 특정 내용이 자신의 아이디어에서 시작되었다는 것을 회의시간이나 점심시간에 하는 대화에서 슬쩍 흘리기도 하고, 가능하면 어느 부분에 대한 설명은 자신이 하겠다고 나서보는 것도 좋다. 그런 모습들이 일에 대한 긍정적인 욕심을 나타내기 때문이다.

다 좋은 일도, 다 나쁜 일도 없다. 단지 어떤 일은 나와 잘 맞아서 내가 잘할 수 있고, 성과를 가치 있게 만드는 일에 다른 사람보다 내가 더 어울리는 일이 분명 있다. '아무 일이나 하는 사람'이 아니라 '어떤 일을 맡겨도 잘할 사람'이라는 꼬리표를 달면 나도 좋고 회사도 좋다. 이 얼마나 아름다운 모습인가.

## 전달 포인트 22

☑ 일을 받는 것은 내가 잘할 수 있는 일을 쇼핑하는 것과 같다.

☑ 일 잘하는 사람이란 꼬리표는 아무리 어려운 것에도 도전하게 만드는 힘이 있다.

☑ 좋은 물건을 사려면 지갑이 두둑해야 하듯 좋은 일을 받으려면 내 실력이 준비돼
있어야 한다.

# 업무 내용만 관리하는가?

"내가 무슨 말을 했느냐가 중요한 것이 아니라
상대방이 무슨 말을 들었느냐가 중요하다."
– 피터 드러커, 경영학자


'Big picturing(숲을 봐라)', 'Think big(크게 생각하라)'는 한 번쯤 들었을 키워드들이다. 요즘 우린 통 큰 그림 그리는 걸 중요하게 생각한다. 작은 일에 목매다가 놓치는 일, 작은 구멍 하나가 큰일을 망치는 일이 있기 때문에 큰 그림은 매우 중요하다.

몇 년 전 재미있게 읽은 책이 떠오른다. 왕중추의 『디테일의 힘』인데, 경영에서 작은 것을 무시하다가 일어나는 실패와 성공에 대한 에피소드를 소개한 책이었다. 세심하게 관리하면 당연히 성공하겠지만, 아주 구체적인 사례들이 있어서 가슴에 콕콕 와 닿았다. 이 책에서 말하는 디테일은 작은 것만이 아닌 다른 사람이 보지 못하는 숨겨진 부분도 의미한다. '디테일한 부분은 대개 사람들에게 주목받지 못하고 무시당하지만, 사람의 진실한 면모를 가장 잘 드러내고 그의 자질과 수양의 정도를 정확하게 표현한다.'

나도 이 디테일이 관리되지 않아 낭패를 본 사건이 있다. 평소 성격이 급하기도 하고 영업에서 일하다 보니 스피드가 생명이었다. 일의 완성도 중요하지만 경쟁사보다 먼저, 빠르게 해야 한다는 개념이 더 앞섰던 그 시절에 이 말을 참 많이 했다.

"대세에 지장 없으면 패스!"

많은 사람이 이 말 하나로 상황이나 문제를 빨리 정리하고 넘어간다. 나도 그런 사람 중 하나였다. 어린 영업사원인 나의 키워드는 '경쟁사보다 많이', '실적보다 많이' 매출을 만드는 일이었다. 그 이외의 것들은 무엇이든지 중요하지 않은 소소한 것이라고 생각했다. 그래서 '매출'과 관련 없다고 생각한 것들은 하찮게 여겼던 것 같다. 이런 나의 마음가짐이 어떤 재앙을 불러올지도 모른 채 하루하루가 전쟁처럼 지나가고 있었다.


### 디테일은 대세에 영향을 미친다

하찮게 여겼던 것 중 하나가 휴대폰에 저장된 거래선 바이어 이름이었다. 당시 여러 거래선을 관리하던 나는 거래선별 바이어 이름을 편하게 저장하고 있었다. 당시 맡고 있던 거래선 중 하나인 까르푸(지금은 한국에서 철수한 프랑스 대형 마트)였는데, 까르푸의 바이어 이름에는 무조건 뒤에 '까'를 붙여서 저장해두었다. 전화가 오면 휴대폰 화면을 보고 누군지 바로 알 수 있게 한 것이다. 평소에는 아무런 문제가 없었다. 그 사건 전까지는 말이다.

어느 화창한 봄날, 젊은 영업사원 송사원은 기분 좋게 회의실로 향했다. 그날따라 화장도 잘됐고 사람들과 말도 잘 통해서 만사형통한 날이라 여기고 있었다. 공식적인 회의를 마치고 바이어와 친분 쌓기 대화를 나누고 있었다. 영업하는 일은 사람의 마음이 중요한지라 비공식 대화도 소홀히 할 수 없다. 평소에 서로 친하다는 느낌을 공유해야 일할 때 스스럼없이 추진할 수 있기 때문이다. 가십부터 요즘 유행하는 유머까지 온갖 만담이 오가던 중 한창 유행이던 휴대폰 벨소리에 대한 이야기가 시작되었다.

벨 소리가 개인 홈페이지 대문 사진과 같은 역할을 해서 벨 소리에 따라 현재 연애 중인지 이별했는지도 알 수 있다며 이야기꽃이 만발하였다. 그러다 한 바이어가 자기가 전화를 걸면 무슨 벨 소리가 나는지 궁금하다며 내 휴대폰으로 전화를 걸었다. 그러자 내 휴대폰에서는 가수 김동률의 노래 '욕심쟁이'가 울려 퍼졌다. 그리고 내 휴대폰 화면에 뜬 운명의 네 글자 '○○○까'에 그 바이어의 시선이 꽂

혔다.

"이거 뭐야? 내 이름이 왜이래? 날 깐다고? 너무하네. 나 안 볼 땐 내 욕도 하나본데?"

"어머나 아니에요. 이건 까르푸 줄임말인데… 정말 아니에요…."

당황스러운 마음에 무수한 변명을 쏟아냈지만 모두 허공으로 흩어질 뿐이었다. 바이어, 선생님, ○○○님 등 수많은 표현 중에 왜 하필 '까'라고 했을까. 그러나 후회하기엔 이미 늦었다. 상대방이 볼 수 있다는 확률을 전혀 계산하지 않은, 내 편한 식 행동으로 많은 걸 잃었다. 아주 쉽게 생각해서 저장한 그 이름 하나 때문에 말이다. 그 사람이 속이 좁아서, 대인배가 아니라서 그런 것쯤 웃어넘기지 못한 것이 아니라 입장 바꿔서 생각하면 기분 좋을 사람은 아무도 없다.

여기서 문제는 '나는 왜 바이어 이름을 중요하게 생각하지 않았는가?'다. 매출과 직접 상관이 없다고 판단되는 일은 중요하지 않다는, 대세에 지장이 없다는 그 마음가짐이 가져온 참혹한 사건이었다. 나의 세심하지 못한 행동으로 인해 얼어붙은 바이어의 마음은 생각보다 오래갔다. 각종 애교, 조공, 헌신, 봉사가 이어졌고 완벽하게 괜찮아지기까지 한 달 정도 기간이 걸렸던 것 같다. 그 뒤에도 정기적으로 저장된 이름을 보자며 농담 아닌 농담을 할 때는 정말 쥐구멍에라도 숨고 싶은 심정이었다.

## 일보다 사람을 관리하는 게 중요하다

이 사건으로 인해 나는 아무리 작은 일이라도 대세에 영향을 미칠수 있다는 것을 알았고, 큰일을 만드는 디테일 관리에 신경 쓰기 시작했다. 잘 보이는 큰일을 관리하는 건 1차원적이고 누구나 할 수 있다. 잘 보이지 않고 생각하지 못한 디테일도 관리해야 상대방이 감동하고, 그 속에서 또 다른 기회가 찾아온다.

그 이후 바이어 상대에 있어서 디테일 살리기에 주력했다. 더 이상내 목적만 바라보고 거칠게 달려가는 것이 아니라 사람을 향해 에스테틱 같은 부드러운 영업 전략을 실천해나갔다.

혼자서 바이어 서너 명을 상대하는데, 같은 말을 해도 결과는 늘달랐다. A를 A-로 이해하는 사람, 아예 B로 알아듣고 화내는 사람까지 다양했다. 분명 같은 거래선인데도 바이어마다 커뮤니케이션에서차이가 있었다. 늘 누구나 먹는 밥도 사람마다 부르는 이름이 다르고, 다가오는 느낌도 다르다. 한 살짜리 우리 딸이 부르는 이름은 '맘마', 청년들이 군대에 가서 먹을 때는 '짬밥', 날씬한 몸매를 원하는여자가 부르는 이름은 '다이어트의 적'일 수 있다. 이름은 하나인데별명은 여러 개인 곱슬머리 내 동생과 같은 처지다.

상황이 이런데 똑같은 밥이라고 생각하고 다음 단계로 넘어가려하면 그 밥이 잘 안 통한다. 즉 상대가 먹고 싶은 밥이 무엇인지 파악해야 한다. 그래서 상대하는 바이어의 성향을 나누어보고 거기에 맞는 솔루션을 도출해보았다.

성별, 직급별, 의사결정 속도와 성격의 강약을 기준으로 매트릭스를 만들고 내가 상대하는 바이어들이 어디에 해당하는지 연결했다. 그리고 여러 차례 실험을 거쳐 그 사람들에게 가장 잘 맞는 제안서 포맷을 만들었다. 같은 내용이지만 제품을 담당하는 바이어에 따라 포맷을 다르게 한 것이다. 그리고 구두로 협상할 때 어떤 방법이 잘 통하는지와, 협상할 때의 약점과 강점까지 상세하게 기록해두었다. 이렇게 작성된 자료는 일할 때 훌륭한 전략서가 되었고, 그 부서를 떠날 땐 밥 한 번 더 얻어먹을 정도의 가치 있는 인수인계서가 되었다.

제안하는 방법이 달라지자 내 제안에 대한 피드백 시간이 단축되었고 협상 시간도 절약되었다. 그렇게 서로 의사소통하는 시간이 절약되자 나에게도 '여유'가 생기기 시작했다. 그 여유 시간으로 더 가치 있는 고민을 할 수 있었다. 이로 인한 가장 큰 변화는 나의 판단과 행동의 중심이 변화했다는 것이다. 나의 직장 시계는 일 중심이 아니라 사람 중심으로 돌기 시작했다.

Work → Human

너무 작은 것까지 세세하게 생각하며 살면 피곤하다고 말하는 사람이 많다. 그러나 디테일을 꼭 작은 것이라고 생각하는 오류에 빠지지 말았으면 한다. 나에게 디테일은 일을 앞세우는 것이 아니라 '사람'을 먼저 생각해야 한다는 걸 알려주었다. 당신에게 디테일은 무엇인가.

**전달 포인트 23**

☑ 처음부터 큰 그림을 그리기는 힘들다. 작은 것부터 챙겨야 무너지지 않는다.

☑ 성공의 시작은 작은 것이 아닐 수 있지만 실패는 작은 것에서 시작된다.

☑ 디테일은 남에게 보이지 않고 숨어 있는 틈새를 의미하기도 한다.

☑ 조직에서 위로 올라갈수록 대담함과 세심함의 균형을 잘 잡아야 후회하지 않는다.

# CHAPTER 8

# 오해 비키기

☑ 나는 쉬운 사람인가?

☑ 뒤에서 말하고 있는가?

☑ 함께 일하는 사람이 있는가?

☑ 밥그릇 싸움을 할 필요가 있는가?

# 나는
# 쉬운 사람인가?

> "철학이 가미되지 않은 웃음은 재채기 같은 유머에 불과하다.
> 참다운 유머에는 지혜가 가득 차 있다."
> – 마크 트웨인, 미국 소설가

주변인들의 증언에 의하면 나는 참 차가운 외모를 소유한 사람이다. 그리고 큰 두려움 없이 할 말 다 하고 사는 성격 탓에 심심치 않게 오해를 불러일으키고 다녔다. 그래서 학기 초엔 늘 친구들이 별로 없었다. 학년이 바뀔 때마다 교실 문을 열고 들어가면 다들 한번씩 쳐다보기만 할 뿐 먼저 말을 거는 친구가 없었다. 심지어 중학교 1학년 때는 운동장으로 가는 길에 2학년 선배들을 만났는데 생긴 게 마음에 들지 않는다고 불려간 적도 있다.

고등학생이 되고 나에 대한 생각이 깊어가면서 고민이 되기 시작

했다. '내 첫인상이 그렇게 차가운가? 내가 나쁜 사람은 아닌데….'
내 사진들을 훑어보니 웃는 사진이 거의 없었다. 웃어도 입을 벌리지
않고 씩 웃는 것이 전부였다. 대부분 입을 굳게 다물고 있고, 눈에선
레이저가 나올 듯 강렬한 인상이었다. 긴장하면 표정도 같이 얼어붙
었고, 특히 새로운 환경이나 사람에 적응하기 전까지 낯을 많이 가리
는 편이었다. 이렇게 나는 오해를 부르는 외모를 갖고 있었다.

시간이 흐르면서 그런 외모에 대한 오해를 없애고 낯을 가리지 않
으려고 열심히 웃으며 노력했다. 그 결과 요즘은 아주 가끔이지만 첫
인상이 푸근하다는 이야기를 듣기도 했다. 대학을 거쳐 회사에 들어
오면서 사회성이 발달하고 외모에 대한 오해는 많이 줄어들었지만
아직도 사람들이 처음부터 나를 편하게 생각하진 않는다. 아직도 대
부분 내 첫인상을 '차갑다.', '독해 보인다.'고 표현한다. 좀 좋게 보면
'지적이다.' 정도가 나온다.

그런데 솔직히 고백하면 나는 차갑고 도시적인 인상과 달리 매우
촌스러운 사람이다. 100명이 채 되지 않는 두메산골 초등학교를 나
왔고, 과외나 학원보다는 사방치기와 소몰이가 익숙하다. 봄에는 나
물 뜯고 여름에는 개구리 잡는 것이 주요 놀이였다. 나라는 사람과
거리가 조금 가까워지면 이런 푼수는 지구상에 없다고 할 정도다. 덜
렁대고 새는 구멍도 많은 '헛똑똑이' 캐릭터라고나 할까. 그러나 그
누구도 날 겪어보기 전까지는 그런 사실을 모른다.

## 쉬운 사람의 힘

한 번은 전시회를 준비하는 업무를 했다. VIP가 많이 참석하는 큰 규모였기에 경영진의 관심이 매우 큰 프로젝트였다. 그렇다 보니 행사와 관련된 부서만 20개가 넘었다. 업무의 대부분은 그들과 연락해서 자료를 받아내고 다시 피드백하고 디자인 업체에 시안을 넘기는 중간 연결자(middle man) 역할이었다.

가장 힘들었던 건 일의 접점이 많다 보니 다양한 종류의 사람을 상대해야 하는 점이었다. 전화로만 이야기해도 일이 풀리는 사람, 유선으로는 말이 통하지 않아서 얼굴을 봐야만 일이 되는 사람, 어떤 방법도 통하지 않는 다른 별에서 온 듯한 사람까지 아주 다양했다. 어떤 사람은 일을 시키기 쉬웠고, 어떤 사람은 말을 거는 것조차 어려웠다.

"이거 무슨 말이야? 와서 설명해봐!"

"지난번 그 자료 다시 설명해줄래요?"

"보낸 메일을 지웠는데 무슨 내용이었죠?"

"대리급 말고 차장급 없나? 윗사람이랑 말하고 싶은데!"

하루 종일 이런 질문들이 이어졌다. 같은 내용을 전달하느라 하루 해가 지기도 하고 녹음기를 틀어놓은 것처럼 같은 내용을 무한 반복해서 말하기도 했다. 심지어 어떤 사람은 직급 차이 때문에 말하기 거북하다며 같은 급과 말하고 싶다고 요청하기도 했다. 체급을 맞춰서 하는 레슬링 대회도 아닌데, 직급을 맞춰달라니!

그 과정에서 일을 전달하기 어려운 사람에게는 내 마음도 닫히는 걸 느꼈다. 물론 일을 주는 기본적인 사항은 공정하게 진행된다. 그러나 한국인이 좋아하는 '덤'의 개념이 여기서 나온다. 말하기 쉬운 사람에게 고충을 토로하고 부탁도 하고, 또 내 힘이 필요할 땐 상대의 부탁도 들어주는 윈-윈 관계가 형성되는 것이다.

반대로 상대방이 나를 쉽지 않은 사람으로 인식했을 땐 일도 쉽게 되지 않았다. 일면식도 없는 타 부서 사람에게 일을 시켜야 하다 보니 직급도 다르고 경험도 차이가 있다. 그런데 나는 예의 그 오해를 부르는 표정으로 일을 시키고 있다. 아주 차갑고 도도한, 웃음기 없는 건조한 표정으로 말이다. 그렇게 해야 프로처럼 보일 거라는 대단한 착각을 했던 것이다. 그렇게 일을 전달하고 나면 해야 하니까 하는 거지 '덤'을 주지는 않는다. 그래서 일의 결과도 예상보다 좋게 나타나지는 않았다. 문제의 원인은 알고 있었지만 쉽게 고쳐지지가 않았다.

내가 일을 주기 쉬웠던 사람들은 누구였을까? 그 사람들의 특징을 종합해보았더니 나와는 많이 달랐다. 그들은 대체로 잘 웃고, 남의 말을 잘 들으며, 일 이야기도 사적인 대화처럼 위트 있게 잘했다. 친한 선배 한 명은 지인들 중 가장 '쉬운 사람'으로 통하는데, 유난히 사투리 억양이 심했다. 아무리 심각한 내용을 말해도 독특한 사투리 때문에 사람들이 손쉽게 본인 이야기에 마음을 연다고 했다. 그래서 때로는 의도적으로 사투리를 쓸 때도 있다고 한다.

이렇게 누군가의 마음을 처음부터 잘 열 수 있는 힘이 '쉬운 사람'에겐 있다. 일을 주기 쉽게 만들려면 상대방의 마음을 편하게 해줘야 하고 그 방법은 본인 스타일 안에서 찾아가야 한다.

나도 잘 풀리지 않는 매듭을 하나씩 풀어보았다. 일단 목표를 첫인상에서 친숙하다는 말을 듣는 것으로 잡았다. 일을 줄 때는 주기에 급급해서 내 말부터 하기보다는 받는 사람의 고충을 공감해주는 시간을 가졌다. 누군가를 함께 욕해주기도 하고 상대방의 힘든 상황에 대해 내가 더 힘들어하기도 했다. 재미있는 농담이나 트렌드에 대한 이야기를 하며 자연스럽게 화제를 바꿔서 일 이야기로 넘어가보기도 했다.

말투도 바꿔봤다. 똑 떨어지는 아나운서 같은 말투가 좋다고 믿었는데, 그건 방송에서나 통하는 것이다. 가수 박진영 씨가 한 오디션 프로그램에서 늘 주장하던 공기 반, 소리 반의 이론이 여기서도 필요하다. 내 말을 반으로 줄이고 감탄사, 추임새로 반을 채워보았다. "아! 그래요?", "진짜요?", "와우!", "오!", "허!"….

이렇게 한다고 해서 어느 날 갑자기 "짠!" 하고 변하진 않는다. 그러나 이 일을 계기로 나는 분명 변하고 있다. 다가오기 쉽고 편안한 사람으로 말이다. 딱딱한 걸 보면 사람들은 부러뜨리고 싶어한다. 그

'똑!' 하고 부러지는 소리가 얼마나 경쾌한가? 그러나 그러면 나만 아프다.


## 쉬운 사람 되는 길

한때는 누군가 내게 다가오기 어려워하고 지적이라고 말하는 게 칭찬인 줄 알았다. '내가 쉬운 사람으로 안 보인다는 거구나.', '내가 좀 잘났다는 이야기인가?'라고 생각하며 어깨를 으쓱거렸다. 조금 다르게 생각해보면 참 어려운 팔자다. 조직에서 쉽게 다가가지 못하는 사람은 경외의 대상이 아니라 기피하는 대상일 수도 있다. 회사에서 쉬운 사람이 되어야 하는 이유다.


- 쉽게 다가가 말 걸기 힘든 사람은 늘 외롭다.
- 쉽게 일을 받지 못한다면 나도 누군가에게 쉽게 줄 수 없다.
- 남이 쉽게 부탁하지 못하는 사람이라면 나도 그런 상대가 없어진다.
- 쉽게 농담할 수 없는 사람이라면 직장생활이 빡빡해진다.
- 쉽게 질책할 수 없는 사람이라면 약점을 보완할 기회도 잃게 된다.


쉬운 사람이 되는 가장 빠른 길은 웃음을 잘 활용하는 것이다. 웃을 수 있는 여유는 유머에서 나온다. 유머는 직장생활뿐만 아니라 인생의 질을 향상시키고 풍요롭게 한다. 특히 일을 하다 보면 긴장, 초조, 냉혹함 등으로 불안해하는 경우가 많다. 유머가 있다면 긴장을 풀어주고 사무실 온도를 따뜻하게 올릴 수 있다.

## 쉬운 사람 vs. 쉽게 대해도 되는 사람

여기서 쉬운 사람의 의미가 남들이 쉽게 대해도 되는 사람을 말하는 것은 아니다. 그리고 밑도 끝도 없이 마음만 좋은 사람을 말하는 것도 아니다. 회사생활을 조금 하다 보면 이런 말을 듣는 사람들을 목격하게 된다.

"사람은 참 좋은데 잘 안 풀리더라."

그렇다. 마음만 좋은 사람과 일의 성공이 꼭 상관관계가 성립되지는 않는다. 일을 전달하기 쉬운 통하는 사람, 어려운 일도 해결할 수 있는 명쾌한 사람, 힘듦도 나눌 수 있는 따뜻한 사람, 누군가가 쪼들림의 연속일 때 가장 먼저 생각나는 사람이 된다는 것, 그것이 여기서 말하는 '쉬운 사람'이다.

오해하지 말자. 쉽다는 건 우습게 보인다는 이야기가 결코 아니다. 나를 쉽게 생각하는 사람이 많아질수록 나는 일을 쉽게 할 수 있는 사람이 된다. 나의 작은 변화가 일을 잘 풀리게 만드는 시작이 될 수 있다.

☑ 어려움이 아닌 쉽고 편안함을 전달하면 일도 쉬워진다.

☑ 쉬운 사람 되기는 연습으로도 충분히 가능하다.

# 뒤에서
# 말하고 있는가?

"사랑할 수 없다면 그대로 지나쳐라."
– 니체, 독일 철학자

뒷담화란, 뒤에서 누군가의 허물을 이야기하거나 알려지지 않은 비밀에 대해 "~라고 하더라."식의 이야기를 전하는 행위를 일컫는다. 특히 연예인이나 정치인 등 유명인들은 사람들의 뒷담화에 단골로 오르내리는 소재다. 이런 뒷담화는 사회적으로 특정 기능을 하고 있는데, 한 집단에서 한 대상에 관한 뒷담화를 함께 하면서 나머지 사람들끼리 더 친해지고 똘똘 뭉치게 만든다. 유식한 말로 하자면 본인들의 사회적 지위를 공고히 유지하기 위한 수단으로 활용한다고 한다.

영국 맨체스터 대학의 심리학 연구진이 실험한 바에 의하면 뒷담화를 할 때 내용 자체보다 그 대상이 유명한 사람인가를 먼저 확인한다고 한다. 이 말은 뒷담화는 내용보다 그 하는 행위가 중요하다는 뜻이다.

직장에서 하는 뒷담화도 비슷한 기능을 수행한다. 가장 가까운 가족보다 더 많은 시간을 함께 지내다 보니 자연스럽게 뒷담화 문화가 형성된다. 마음 맞는 사람끼리 함께 뒷담화를 하며 친밀감을 형성하기도 하고 스트레스를 해소하는 안주로 활용하기도 한다.

사무실 뒷담화는 상사의 리더십이 주요 주제가 된다. 그리고 가끔 동료에 대한 인물 평가나 사실 확인이 안 되는 가십거리가 그다음을 차지하는 정도다. 아이러니하게 뒷담화는 구성원들의 팀워크를 좋게 만드는데, 나쁜 상사를 주적으로 삼아 동료들끼리 대동단결하게 하는 힘이 있기 때문이다.

회사를 다니면서 리더십에 대해 헷갈린 적이 몇 번 있었는데 이는 '뒷담화' 때문이었다. 어떤 리더는 '악마는 프라다를 입는다'에 나오는 모두가 싫어하는 상사의 리더십을 보여주는데, 그 팀의 단결력이 어느 부서보다 좋았다. 많은 직장인이 이런 고민을 한 번쯤은 했으리라 생각한다. 나쁜 리더에 대한 '뒷담화'를 할 때면 서로가 서로를 의지하는 힘이 몇 배 상승하는 것을 말이다.

또 어떤 부서는 성인군자 같은 리더와 일하는데, 부서원들끼리 대화가 적고 뿔뿔이 개인적이며 콩가루 같은 조직문화를 형성하기도 했다. 참 정답이 없는 요지경 같은 세상이다. '역시 나쁜 상사는 필요한 거였어.'라고 결론 내리기에는 뭔가 찜찜하다. 인정하기 싫지만 직장에서 뒷담화의 순기능이 어느 정도는 있다. 일을 하다가 기분이 상했거나 감당할 수 없는 '갑질'을 당했을 때엔 따뜻한 위로가 필요하다. 그럴 때에는 같이 욕해주는 것이 가장 효과가 빠르고 좋은 위로다. 그래서 회사에서는 같이 욕해주는 친구가 참 요긴하다. 이런 양면성 때문에 '뒷담화'는 버리기도 취하기도 참 애매한 존재다.

### 뒷담화의 부메랑 효과

누군가의 이야기를 뒤에서 한다는 것은 확실히 바람직한 일은 아니다. 그리고 내가 뱉은 그 '말'은 가장 안 좋은 시기에, 가장 안 좋은 방법으로 다시 나에게 돌아오기 때문에 가장 조심해야 하는 행동이기도 하다. 나는 이것을 '뒷담화 부메랑 효과'라고 부르고 싶다. 내가 힘껏 던진 부메랑, 다시 돌아오는 그 부메랑에 정면으로 맞았다고 생각해보자. 오! 얼마나 아플까!

신입사원들을 교육할 때 직장에서 조심해야 하는 행동들을 말해주는데, 그때 1순위로 말해주는 것이 "메신저를 조심해라."이다. 뼈아픈 기억이 있기 때문이다. 직장생활을 하면서 가장 의지가 되는 사람은 같은 상황을 겪고 있는 친구, 즉 동기들이다. 부서를 배치받고 나서 뿔뿔이 흩어진 동기들과의 연결고리는 단체 메일과 메신저다. 부서 선배들에게는 할 수 없는 속상한 이야기들을 실시간으로 나누며 서로를 위로하던 그런 시기가 있었다.

그날도 어김없이 메시지 창을 업무용부터 동기들과의 수다용까지, 10개 정도는 기본으로 띄워놓고 하루 업무를 시작했다. 모니터 화면이 어지러울 정도였다. 어느 날 옆 부서 선배가 메신저로 나에게 일을 시켰다. 평소 나에게 까칠한 선배라서 별로라고 생각하던 사람이었다. 역시나 메신저에서도 가시가 있는 말투로 업무를 '지시'했다. 순간 내 머릿속에 '뭐야! 자기가 내 상사야?'라는 생각이 들면서 기분이 매우 나빴다.

그래서 동기와 채팅을 하던 메시지 창에다가 '또 그 ××가 나에게 일을 시켰어. 기분 ××해. 자기가 무슨 내 상사인 줄 알아!'라고 타이핑을 했다. 다른 날 같으면 곧바로 '××가 또 그래? 진짜 ××하네.'라고 위로를 할 만한 동기가 그날따라 조용했다. 기다리다가 지쳐서 '바빠? 왜 말이 없어? 진짜 그 ×× 짜증나지 않냐?'라고 입력하자 이렇게 답이 왔다.

'난 안 짜증나는데? 난 나한테 짜증 안 나는데? 미안하다!'

그 순간 두개골이 깨지는 것 같은 느낌! 메시지 창에서 상대방 이름을 확인하고 나서 정말이지 집으로 가버리고 싶었다. 난 그 선배가 보낸 메시지 창에 이 모든 뒷담화 내용을 입력하고 있었던 것이다. 어떻게 할까 고민하다가 퇴근 후에 그 선배에게 만나달라고 통사정을 했다. 내 얼굴을 보기도 싫어할 줄 알았는데 의외로 "알았다."라고 대답했다.

정말 진심으로 미안했다. 그동안 서운했던 감정은 하나도 생각나지 않고 내가 한 행동에 대한 부끄러움만 산더미처럼 크게 느껴졌다. 그런데 그 선배가 먼저 미안하다고 말하는 것이 아닌가! 본인도 처음에는 화가 많이 났는데 자신이 어떤 행동을 했기에 후배가 이럴까 생각하고 반성을 많이 했다는 것이었다. 그 이야기를 들으며 정말 숨을 수 있으면 쥐구멍으로 숨고 싶었다. 말을 해보니 그동안 많은 오해가 있었다. 그 선배는 선임 부서에 있어서 일을 시킬 수밖에 없었고, 빨리 해야 해서 재촉하는 것이 버릇이 되었다고 했다. 전후 사정을 잘 모르는 철부지 신입사원이 이해하기에는 참 높은 차원의 것이었다.

내가 뒤에서 혼자 판단하고 내린 그의 모습과 실제 모습에는 많은 차이가 있었다. 나의 감정과 문제를 뒤가 아닌 서로의 앞에서 이야기하자 뒷담화보다 속이 더 시원했다. 역시 문제는 변죽을 울릴 것이 아니라 핵심을 풀어야 하는 것이었다. 나의 뒷담화가 다시 나를 치는 순간에 결심했다. '다시는 뒤에서 남의 말을 하지 않으리라! 쉽지는 않겠지만 그렇게 노력하며 살자.'

## 회사에 비밀은 없다

세상에 비밀이 있을까? 비밀은 없다. 진실의 힘이란 참 위대해서 언젠가는 스멀스멀 그 정체를 드러내고야 만다. 암스트롱이 달에 도착했을까 안 했을까, 히틀러는 정말 사이코패스였을까, 케네디 대통령을 암살한 자는 누구일까 등 역사 속 미스터리한 사건들도 시간이 지나면 누군가 진실을 말해준다. 그런데 회사에서 비밀을 지킬 수 있을까? 절대 없다.

사원 시절에 겪은 나의 뒷담화 폭로는 스스로 한 실수로 인해 직접적으로 밝혀진 경우지만, 대부분 누군가에 의해서 말이 옮겨지게 마련이다. 아무도 없는 대나무 숲에서 임금님 귀는 당나귀 귀라고 외쳐도 '바람'이 그 말을 전해주듯이 뒤에서 한 말은 언젠가는 꼭 당사자에게 전해진다. '비밀'은 참 무겁고 버거워서 지켜지기가 어렵다. 그래서 비밀을 지키는 사람은 위대한 사람이 되는 것이 아닐까.

회사에서는 "너만 알고 있어."라는 말을 믿지 말아야 한다. 어떤 동료는 늘 "너만 알고 있어."라고 이야기하면서 부서원 전체에게 비밀을 말하고 다녔다. 그러다 보니 그의 말에 신뢰가 없어지고 나도 그에게 '비밀'의 소재를 제공하지나 않을까 싶어서 사적인 대화마저 꺼리게 되었다. 회사에서 상대방에 대한 불만이 생기거나 할 말이 있다면 되도록 뒤가 아닌 앞에서 하길 바란다. 그만한 용기가 없다면 아예 말을 하지 말자. 물론 모든 것을 그렇게 목숨을 걸며 살 수는 없지만 노력할 필요는 있다. 내가 한 말이 나를 치기 전에 말이다.

상대방이 듣기 싫어할 이야기를 앞에서 직접 하려면 미움을 받는 '용기'도 필요하다. 아무리 부드럽고 세련되게 전달한다고 해도 내용 자체가 듣기 좋은 것은 아니기 때문이다. 그러나 그걸 잘할 때 전달의 내공이 키워진다. 그리고 뒤에서 하는 이야기가 없는 사람이라고 '뒤'에서 이야기가 전해지면 나라는 사람의 '신뢰'도 덩달아 높아질 것이다.

### '앞담화' 하는 방법

조직에서 나이를 먹고 직급이 위로 올라갈수록 나쁜 소리가 듣기 싫어진다. 듣기 좋은 소리도 한두 번이다. 한두 번이기 때문에 가치 있는 것 아닐까. 만약 지금 주변의 모든 사람이 나에 대해 '듣기 좋은 말'만 한다면 지금 나는 심각하게 통하지 않는 상대라는 신호다. 무언가 제대로 전달되지 않는다는 뜻이다.

일을 하다 보면 나에 대해 좋은 말만 하는 후배도 있고 늘 칭찬만 하는 선배도 있다. 그러나 잘 생각해보자. 나는 정말 결함이 없는 완벽한 존재일까? 나에게 좋은 말만 하는 사람은 두 가지 중 하나일 확률이 높다. 아직 나를 잘 모르거나 진심이 아니란 뜻이다.

그러면 어떻게 좋지 않은 소리를 잘 전달할까? 먼저, 진정성이 있어야 한다. 서운했다거나 슬펐다거나 화가 났던 이유를 솔직히 전달하는 것이 중요한데, 이때 '균형감각'을 잃지 말아야 한다. 원인 제공이 상대방에게만 있는 것이 아니라 자신에게도 있다는 것을 발견하는 일, 즉 자신에 대한 성찰(self-reflection)이 반드시 있어야 한다.

진정성 있게 내용을 전달하되 전달 방법에서 풍자와 해학을 잊지 말아야 한다. 직설적으로 말하는 것은 누구나 다 할 수 있다. 그러나 그건 너무 아프다. 관련 유머를 이야기해줘도 되고 역사 속 이야기, 영화 이야기 등 인용할 수 있는 소재는 참 많다. 그런 이야기들을 빗대어 은근히 세련되게 전달해보는 것도 추천한다.

이순신 장군을 모티브로 한 영화가 화제였다. 많은 리더에게 필요한 '희생정신'에 대한 이야기를 전달하기 좋은 소재다. 리더의 이기적인 모습이 불만이라면 조용히 영화 내용을 설명하거나 영화를 같이 보러 가자고 제안해보자. 바빠서 잊고 있던 본인의 리더십을 반성하는 계기를 마련해줄 수도 있다.

사실 이렇게 글을 쓰는 순간에도 쉽지 않은 주제임을 고백한다. 그래서 이 앞담화는 직장생활의 중장기 연구 테마로 삼고 있다. 그러나 그날 맞은 부메랑 이후로 뒷담화는 되도록 하지 않으려고 노력하고 있다. 내가 한 뒷담화에 내가 맞으면 정말이지 부끄럽고 아프다.

## 전달 포인트 25

> ☑ 뒤에서 한 말은 의도한 바와 다르게 전달될 수 있고 뱉어버리는 순간 컨트롤할 수 없게 된다.
>
> ☑ 안 좋은 이야기, 서운한 이야기를 앞에서 풀어보면 뒤에서 할 때보다 더 시원한 통쾌함을 느낄 수 있다.
>
> ☑ 뒷담화는 가장 안 좋은 시기에 가장 강력한 힘으로 나를 공격한다.

이끌든지 따르든지 비키든지

# 함께 일하는 사람이 있는가?

> "두 인격의 만남은 두 화학물질이 만나는 것과 같다.
> 만일 둘 사이에 어떤 반응이 있다면 서로 변화할 것이다."
> —카를 구스타프 융, 의사·심리학자

지금 일하는 사무실을 생각해보자. 어떤 이미지가 떠오르는가? 예외도 있겠지만 조용하고 평화로운 절이나 성당, 휴양지를 떠올리긴 힘들다. 당장 내 머리에 떠오르는 이미지는 누군가는 소리 지르고, 누군가는 머리를 쥐어뜯으며, 누군가는 붉어진 얼굴로 있는 모습들이다. 그들의 모습에서는 온갖 '침'의 형제들이 떠오른다. 지침, 삐침, 열 뻗침, 짜침 등….

비즈니스는 총성 없는 전쟁이다. 물리적인 총과 포탄이 없을 뿐 경쟁사보다 빨리 제품을 개발해야 하고 더 차별화된 마케팅 전략도 내

놓아야 한다. 또 우리의 제품이나 서비스를 구매할 고객을 잘 조준해야 원하는 땅(market share)을 차지할 수 있다.

아침부터 저녁까지 쉴 틈도 없이, 취직해서 퇴직하기 전까지 적어도 20~30년은 누군가를 향해 총을 쏘고 포탄을 날려야 살아남는 것이 직장인의 운명이다. 이는 사업을 하는 사람들도 마찬가지다. 이 모든 것이 학교라는 온실에서 나오는 순간 맞이하는 현실이다.

가끔은 혼자서는 감당할 수 없는 핵폭탄이 날아오기도 한다. 그러는 가운데 누군가는 죽어 나가고 부상도 입으나 애석하게도 신경 쓸 겨를이 없다. 조금 여유를 부리면 내가 죽을 수 있기 때문이다. 사무실에 발을 들이는 순간 전장에 나온 한 명의 병사다. 나에게도 그 치열한 전쟁이 시작되었다.

신입사원으로 입사 후 한 달이 되던 날, 부대장(부장)이 병사들을 불러 모았다. 지금까지와는 차원이 다른 전쟁이 시작되었단다.

"자자, 다들 모였지? 우리에게 오늘은 매우 역사적인 날이야. 우리 부서에 중요한 일이 생겼어!"

이 '일'이라는 의미를 이해하는 데는 부대장과 병사들 사이에 큰 차이가 있다.

- 차장: '아, 뭘까? 이 무거운 기분은….'
- 과장: '졸려. 어제 먹은 술도 안 깼는데, 아침부터 웬 일 얘기야….'

- 대리: '일? 아, 또 일? 내 일도 소화 안 돼서 토가 나와….'
- 사원: '무슨 일이지? 집안일? 큰일? 재미있는 일?'

병사들은 '따로 또 같이 국밥' 같은 느낌이랄까? 개인의 목표를 채우느라, 자신만의 업무를 하느라 바쁘다. 부대원들 간의 전쟁도 있고, 같은 팀이지만 공유하지 못할 '비밀 병기'들도 생긴다. 그러나 부대장은 대원들의 개인기를 모두 합체해서 공동의 적도 쓰러뜨려야한다. 이래서 하나의 적에 맞서 싸우는 팀플레이가 사실은 매우 힘들다. '좀비'처럼 일하는 대부분의 직장인들에게 내 일이 아닌 일은 모두 남의 일이고, 정확히 분장되지 않은 '우리 일'은 되도록 안 하는 것이 좋다고 생각하는 일이다.

부대장이 선언한 새로운 일은 '거래선과 비즈니스 협정을 맺기 위한 체결식 준비'였다. 그런데 부대장이 일이 생겼다고 선언한 이후 일주일이 지나도록 아무도 움직이지 않았다. 그때 모든 부대원의 마음은 똑같았다.

'파트너, 거래선, 협정, 체결? 이게 다 무슨 말이야? 난 모르는 단어들이니 내 담당은 아냐.'

사실 체결식이니 하는 일은 전문 업체를 불러서 준비하는 것이 효율적인데, 의욕에 불타오르던 우리의 장수는 모든 것을 자체적으로 해결하기를 원했다. 문제는 누가 하느냐였다. 어떻게 할지도 모르고 구체적인 작전 지시도 없었기에 누구 하나 나서서 시작하는 이가 없었다. 그리고 그 날짜는 점점 다가오고 있었다. 기다리다 지친 장수는 대원들을 불러 모았다.

"어떻게 하는 것이 좋겠어? 난 말이야. 이렇게 비주얼이 막 날아다니는 PPT(파워포인트)가 있으면 좋겠어."

약 5초간 정적이 흘렀다.

"왜 말이 없어? 안 할 거야?"

그때 바로 밑 차장이 조심스럽게 한마디 했다.

"그게 어떻게 하는지도 모르겠고. 이런 일은 전문가를 쓰시는 것이 어떨까요?"

나머지 대원들은 모두 똑같은 마음으로 부동자세를 유지하고 있었다.

"안 되겠어. 지금부터 아무도 집에 못 가! 될 때까지 저 회의실에서 나오지 마!"

그렇게 해서 대원 5명은 전쟁터에 갔혔다. 해치워야 할 공동의 적은 앞에 있고 출구는 없다. 회의실에 갇힌 채 모두 침묵하고 있었다. 한 시간이 흘렀다. 누군가가 침묵을 깨며 말했다.

"우리 정말 집에 못 갈지도 몰라. 뭐든 해보자."

"아, 근데 뭐부터 하지?"

## 함께 싸우는 법

부끄럽지만 우리는 사무실 공간만 공유했을 뿐 함께 싸워본 적이 한 번도 없었다. 세분화된 업무 분장 때문에 각개전투에는 강했지만 협업은 할 기회가 없었던 것이다. 이 일을 계기로 우리 부서에 함께 싸우는 법(일하는 법)이 정립되었다. 우선 3 What으로 목표를 찾았다.

- What, 뭘 해야 하는 거야?
  → 성공적인 체결식을 준비하는 거야.
- What, 성공적인 체결식이란 뭐야?
  → 참석하는 VIP(경영진)를 감동시키는 거지.
- What, 경영진의 감동은 무엇으로 만들지?
  → 한 번도 본 적 없는 특별한 한 가지가 있어야 해!

### 함께 묻기(group questioning)

아이디어를 구할 때 개인이 생각하고 의견을 모으는 것보다 빠른 방법은 여러 사람의 머리를 합쳐서 슈퍼컴퓨터처럼 쓰는 것이다. 각자 좋은 아이디어를 생각하라고 하면 서로 다른 질문에 답을 하지만 그룹 전체에게 공동의 질문을 제시하면 그룹으로 고민하기 시작한다. 이렇게 하면 질문 자체가 합의된 것이기에 개인 아이디어의 배경부터 설명하는 시간을 줄일 수 있다.

우리의 최종 목적은 경영진에게 감동을 느끼게 하는 것이었다. 그 감동 포인트 찾기에 집중하기 시작했다. 큰 종이에 질문들을 써놓고 자신의 생각들을 써서 붙이기 시작했다.

- 경영진 눈높이에서 이 행사에서 바라는 것이 무엇일까?
- 과거 회사 행사에서 보지 못했던 건 어떤 것일까?
- 이 행사가 신문 헤드라인을 장식한다면 무엇이 특별했을까?
- 행사에서 오감을 놀라게 하는 방법이 있을까?

### 잘하는 기준(strength based)으로 나누기

아이디어를 모은 결과 '회사에서 보지 못한 움직이는 결과 보고 자료를 만들자.'라는 의견이 채택되었다. 선거방송처럼 그래프가 마구 움직이는 그래픽 위주의 PPT를 만들기 위해 미대 출신도 없고 디자이너도 없는 회의실에서 직급이나 기존 업무를 무시하고 각자가 잘하는 강점 위주로 일을 나누었다. 그러면서 개인적인 스토리도 공유하게 되었다.

- 음악을 사랑해서 언젠가 음악 카페를 내고 싶어하던 차장님은 배경 음악 찾기
- 어둠의 경로를 잘 이용하는 검색의 달인 과장님은 각종 플래시 자료

찾기

- 문자, 숫자 등 디테일한 정보에 강한 대리는 자료 검색
- 색상의 매력에 빠져서 색상 관련 자격증이 있는 선배는 색상과 이미지 고르기
- 파워포인트를 상대적으로 잘 다루는 신입은 자료 만들기

이 회의실을 탈출하기 위해 모두 혼신의 힘을 다했다. 회의실에 갇힌 지 일주일이 지났다. 물론 평소 업무를 보기 위해 잠시 나갔다 오기도 하고, 집에 간 날도 있고 그렇지 못한 날도 있었다. 얼굴은 누렇게 뜨고 다크서클은 발끝까지 내려와서 더 이상 내려갈 곳도 없을 지경이었다. 그리고 일주일 후, 다섯 병사는 회의실에서 걸어 나올 수 있었다.

드디어 체결식이 성공적으로 이루어졌고, 양사 대표가 만난 자리에서 이런 훌륭한 자료를 어떻게 만들었냐며 극찬을 받았다. 우리 장수의 얼굴엔 아주 커다란 웃음꽃이 피었다.

벼랑 끝에서 살아남은 병사들은 더 이상 예전 같지 않았다. 이제는 '내'가 아닌 '우리' 일이란 개념이 생겼기 때문이다. 자신만의 일만 하느라 여유 없던 마음에 우리도 함께 일할 수 있다는 자신감이 생겼고 아직도 그때를 기억하며 우리의 무용담을 돌림노래로 이야기한다. 우린 생사를 함께한 '전우'가 된 것이다.

## 전우가 있어야 직장생활이 즐겁다

직장에서 혼자 일하는 것이 불가능한 건 아니다. 조직이 크면 클수록 잘게 쪼개진 업무 분장 때문에 내 일만 잘하면 월급 받는 건 걱정하지 않아도 된다. 그러나 올라갈수록, 오래갈수록 함께 할 일이 생긴다. 혼자서는 풀지 못하는 숙제도 닥친다. 그때 나와 일을 나누고 마음을 나누는 전우가 있느냐 없느냐는 결과의 큰 차이를 만든다.

나에겐 다니는 전쟁터마다 전우들이 생겼다. 지난 시간에 함께한 전우들이 그립다. 할인점 영업하던 젊은이들의 할아버지파, 전략 여인파, 교육 팀의 브라더파, 창의파, WOW파 등 전우 조직이 늘어날수록 가슴이 따뜻해진다.

부서가 달라질 때마다, 업무가 바뀔 때마다 '일'이 남는 것이 아니라 '사람'과 '추억'이 남는다. 전우들은 내가 회사생활을 즐겁고 힘차게 할 수 있는 원동력이 된다. 사조직을 만들라는 것이 아니다. 일을 조금 더 재미있게 하려면 전우를 만들라고 말해주고 싶다. 재미있게 이름 붙이고 놀듯이 일하면 회사에서 만난 사람도, 회사 일도 딱딱하게 느껴지지 않고 어느새 학교의 동아리 방에 있는 듯한 느낌이 든다.

개인의 성장은 혼자서 이루는 게 아니다. 사람과 사람 사이에서 성장이 일어난다. 회사는 일이 아니라 사람이 있는 곳이라는 사실을 잊지 말자.

☑ 일과 마음을 거리낌 없이 나누고 고민할 수 있는 전우를 만들라. 함께 싸우면 덜 힘들고 덜 지친다.

☑ 전우가 탄생하는 순간은 극한을 공유할 때다. 함께 끝을 봐야 다른 길을 찾는 용기를 북돋아줄 수 있다.

# 밥그릇 싸움을
# 할 필요가 있는가?

"진정한 깨달음은 경쟁심이 사라진 다음에야 얻을 수 있다."
– 지두 크리슈나무르티, 인도 철학자

인생에만 생애주기가 있는 것이 아니다. 직장이라는 세계에도 일 정한 사이클이 존재한다. 직장을 자주 옮기는 사람은 이 주기가 남들 보다 좀 더 빠른 것이고, 이 주기가 느린 사람은 한 직장에서 장수하 는 원인이 된다. 공통적인 것은 이 주기에는 일정한 상승과 하락이 존재하는데, 흔히들 1년 차, 3년 차 등 홀수 주기로 온다는 것이 대세 론이다. 직장 생애주기(work-life cycle)는 크게 입사, 성장기, 정체기, 쇠퇴기, 퇴직이라는 과정을 거치게 된다.

어떤 이는 성장기에 과감하게 이직을 하기도 하고, 어떤 이는 외부 변화에 대응하지 못해 강제로 쇠퇴기를 맞기도 한다. 그런데 순조롭게 퇴직하는 이가 그리 많지 않다. 각 단계의 중간에 찾아오는 손님이 있는데 직장인 사춘기, 슬럼프, 우울증 등으로 표현되는 심리적으로 힘든 시기다.

입사 5년 차이던 나에게도 올 것이 왔다. 사실 한 번도 쉬웠던 적은 없지만 그땐 정말 쉽게 벗어나기 힘들 것 같았다. 누구나 한 번 또는 그 이상 겪는다는 '직장인 사춘기'. 한 포털 사이트 조사에 따르면 직장인의 86.4%가 이런 증상을 경험한다고 한다. 이 시기에는 다 귀찮고 무기력해지고 불안하며 출근하기가 싫어진다. 나의 사춘기는 발령 난 지 몇 개월 만에 부서가 해체되고 뜻하지 않은 곳으로 부서를 옮기게 되면서 시작되었다. 한 번도 내 자리에 대해 걱정해본 적이 없었는데 나 스스로 존재감이 전혀 없는 그 시기가 몹시 견디기 힘들었다.

부서가 없어지고 한동안 혼돈의 시기였다. 특정한 일도 없고, 내가 여기 있는 걸 아무도 모르는 것 같았다. 새 부서에 적응하기에는 동기부여도 되지 않았고, 정 붙일 곳이 없어 마치 외딴 섬에 있는 것 같았다. 세상에서 가장 무서운 것이 '내가 이곳에 필요 없다.'라는 생각이 들 때라는 걸 실감했다. 여기까지가 이 회사와 나의 인연인가보다라는 생각이 들자 자연스럽게 퇴사를 생각하게 되었다.

## 밥그릇을 확인하는 시기

'나를 원하는 곳을 찾아가리라.' 퇴사를 결심한 이후 이력서를 다듬기 시작했다. 그동안 무슨 일을 해왔고 나는 무슨 일을 잘하는 사람인지, 어느 부분이 부족한지…. 정말 오랜만에 자신에 관해 생각해보는 시간이었다.

처음 이력서를 썼던 대학생 때의 모습과 그때의 나는 많이 달라져있었다. 실력도 생각도 많이 세련되어졌다. '내가 이런 일도 했었구나!', '맞아! 힘들었지만 재미있었어!' 등 하나씩 써내려갈 때마다 추억이 떠오르면서 나도 모르게 자신감을 얻고 있었다.

지난 5년간 회사가 시키는 일을 해온 사원이었지만 그 안에서 몰랐던 내 모습이 출현하기도 하고 늘 발목을 잡던 약점도 보완되었고, 무엇보다 내가 어떤 일을 가장 잘하는 사람인지 다시 확인할 수 있었다. 난 이 시기를 '밥그릇 확인의 시기'라고 부른다.


## 밥그릇 싸움에서 이기기

몇 년 전 한 영화배우의 수상 소감이 화제가 된 적이 있다. 바로 '숟가락 소감'인데 '스태프들이 차려놓은 밥상에 숟가락 하나 얹었을 뿐'이라는 말로 수상 소감을 시작해서 우리를 감동시켰다. 잘된 영화를 만들기 위해서는 스크린에 보이는 배우뿐만 아니라 뒤에서 보이지 않게 고생하며 일하는 스태프의 역할이 더 중요하다는 의미였다.

실제로 영화의 흥행은 감독의 리더십과 팀원들의 펠로십(fellowship)에서 결정된다고 한다. 회사도 마찬가지다. 대부분 일이 혼자 하는 것이 아니라 적어도 두 명 이상 하는 팀플레이다. 이렇게 여럿이 함께 일을 하다 보면 좋은 일뿐만 아니라 나쁜 일도 많은데, 거의 일의 분배, 권한, 성과에 대한 보상을 나누는 '나누기'에서 문제들이 발생한다. 그 가운데서 조직이란 밥상머리에 어떤 인간 군상들이 존재하는지 확인할 수 있다. 일은 안 하고 마지막에 숟가락만 얹는 사람, 자기 밥그릇만 찾으며 더 가지려는 사람, 일이 잘못되면 모르쇠로 일관하는 사람까지 다양하다.

이때 '내 목구멍에만 풀칠하면 된다.'라는 시각으로 접근하면 정말 죽도 밥도 안 된다. 우리는 그런 밥그릇 싸움의 끝이 얼마나 지저분한지 잘 알고 있다. 밥그릇을 자신이 가져갈 '이익'이라고만 생각하면 이 진흙탕 싸움은 어딜 가든 계속될 것이다. 그러나 밥그릇을 내가 가장 잘할 수 있는 '투자'라고 생각하면 조금 다른 이야기가 펼쳐진다.

밥그릇 싸움에서 이기려면 '뺏기'가 아니라 '더하기' 개념으로 접근해야 한다. 남들이 나를 자신의 밥그릇을 뺏는 사람으로 여기지 않고 함께 일하고 싶은 사람이라고 여기는 순간 이미 그 싸움은 이긴 것이나 다름없다. 즉 있는 파이를 나누는 것이 아니라 나의 역량을 더해서 파이를 키우고 공유하는 것이다. 그러기 위해서는 나의 특정 실력이 전문가 뺨칠 정도는 되어야 한다.

전문가 뺨칠 만큼 되려면 먼저 전문가라고 불리는 사람들의 수준을 확인해야 한다. 이력서를 다시 쓰면서 내가 남보다 가장 자신 있게 할 수 있는 것이 '파워포인트 자료 만들기'라는 걸 깨달았다. 신입사원 때 나는 우리 부서에서 유일하게 파워포인트를 잘 다루는 사원이었고 그래서 각종 전략자료를 대신 만드는 일을 했었다. 영업부서에서 보지 못한 자료 스타일이라 신기해하고 그 반응에 또 더 신나서 일했었다. 한땐 쏟아지는 문서작업이 버거웠지만 일하는 그 시간만큼은 몰입하는 나를 발견할 수 있었다.

그래서 파워포인트 전문가는 어느 수준으로 만드는지 확인에 나섰다. 각종 전문 템플릿 사이트를 연구해서 분류해보니 프로그램 기능을 아주 잘 활용하는 쪽과 세련된 이미지로 승부하는 디자이너들이 있었다. 그러면 나는 어느 수준에 도달해야 하는가? 나는 파워포인트 기능을 가르치는 사람도 아니고 디자이너도 아니다. 그렇다면 무엇으로 승부해야 하는가? 그래서 선택한 것이 구성과 폰트였다. 만들어야 하는 자료의 성격에 따라 새로운 기획과 어울리는 폰트를 쓰는 방법으로 내가 만드는 파워포인트를 차별화했다.

그렇게 집중하다 보니 어느새 새로운 형식으로 디자인하는 '파워포인트 송'이 되어가고 있었다. '내가 왜 이걸 잊고 있었지?' 이력서에 내 장점을 '파워포인트 만들기'라고 자신 있게 쓰면서 '이게 내 평생 밥그릇을 보장할 수 있겠다.'라는 생각이 든 것이다.

회사에서 내 특기가 밥그릇이 되려면 전문가 뺨칠 수준이 되어야한다. 어떤 사람은 회사에서 일하는 사람은 전문성이 없는 제너럴리스트라고 생각한다. 나도 '평범한(general)'이라는 딜레마에 빠져 허우적거린 시간이 더 많다. 이런 현상은 나는 없고 회사만 있다고 믿는 오류에서 시작된다. 그러나 최고의 영화를 만드는 것은 연기의 달인, 조명의 달인, 촬영의 달인, 편집의 달인, 마케팅의 달인들이 모두 모여서 이루는 환상의 궁합이라는 점을 알았으면 좋겠다. 각 부분이 최적화되지 않으면 절대 전체가 빛날 수 없다.

내가 하는 일을 누구나 할 수 있는 다 비슷한 일이라고 생각하는 순간 내 밥그릇은 그냥 식당에서 주는 '식판'으로 전락해버린다. 그러나 내가 잘할 수 있는 일을 찾고 그 수준을 전문가까지 끌어올리면 내 밥그릇은 음식만 담는 기능적인 그릇이 아니라 수십 배의 가치가 있는 예술작품이 될 수도 있다.

## 남의 그릇 채워주기

내 밥그릇을 확인했으면 다음으로 해야 할 일이 남의 그릇에 대한 배려다. 이것을 '미루기(pool)'라고 말하고 싶다. 일 욕심이 많은 사람

중에는 내 일은 내가 하고 남의 일도 내가 하는 사람이 있다. 그들은 일을 미루거나 포기하는 걸 죽기보다도 싫어한다. 일이란 게 할 때도 좋지만 놓을 때 더 아름다울 수도 있다.

미룰 때 필요한 것은 '믿음'이다. 상대방의 능력에 대한 믿음 없이는 일을 미루는 것이 불가능하다. 믿지 않으면 의심을 하게 되고 자꾸 확인하게 되기 때문이다. 확인을 자주 하면 그 일을 맡은 사람을 불안하게 만들고 하기 싫게 만드는 주원인이 되기 때문에 주의해야 한다.

내가 했던 업무 중에서 가장 많은 능력이 필요했던 것이 교육을 진행하는 일이었다. 교육 기획부터 진행까지 하는 동안 기획력부터 운영능력까지 필요해서 직장인으로서 능력의 최고치가 요구되었다. 절대 혼자 할 수 없는 일이었다. 가끔 혼자서도 잘해내는 슈퍼맨들이 있지만 나는 아니었다. 내가 선택한 방법은 '미루기'를 활용하는 일이었다.

교육 기획은 가장 잘하는 외부업체를 찾아 나섰다. 콘텐츠를 찾고 개발하는 일은 전문 회사들을 강점별로 분류해서 활용했다. 콘텐츠가 참신한 회사, 강의력이 뛰어난 회사, 표준화를 잘하는 회사 등으로 카테고리를 나누었다. 기막힌 기획을 위해서 전체 틀을 내가 만들고 인테리어는 그들에게 미루면 끝났다.

강의안을 만드는 일 중에서는 내게 디자인 역량이 부족했기에 이

부분은 디자이너들에게 미뤘다. 어떤 사람들은 디자이너와 일하는 게 힘들다고 생각한다. 그건 바로 '언어'에 문제가 있기 때문이다. 말이나 글로 그들에게 미루려고 하면 원하는 결과물을 얻기 힘들다. 내가 쓰는 말과 글이 그들에게 100% 전달되기란 불가능하기 때문이다. 그래서 디자이너에게 일을 미룰 때 나는 그림을 그렸다. 그림을 정교하게 그릴 필요는 없다. 대강의 스케치만으로도 훌륭한 디자인으로 해석할 수 있는 힘이 그들에겐 있다.

강의를 운영하는 일은 '전달'을 잘하는 사람들을 선발해서 양성했다. 선천적으로 많은 사람 앞에서 강의를 잘하는 역량이 뛰어난 사람들이 있다. 그 정도의 역량을 개발하기 위해서는 많은 시간과 노력을 투자해야 하기에 우선 그들을 양성하고, 전달하는 '방법'에 대해서는 그들 스스로 연구하게 했다. 나 혼자서 고민하는 것보다 그 결과물의 수준이 얼마만큼 좋아졌는가는 말하면 입이 아플 정도로 훌륭했다. 이렇게 한 번 형성된 그룹은 누가 먼저랄 것도 없이 서로 노하우를 나누고 발전시킨다. 왜냐하면 그들 스스로에게도 도움이 되기 때문이다.

나보다 잘하는 사람, 그 일과 더 잘 맞는 사람을 찾고 만드는 것도 내 능력의 일부가 될 수 있다. 평소에 어느 부서의 누가 무슨 일을 잘하는지, 그런 사람이 회사에 없다면 회사 밖에선 누가 전문가인지 안테나를 높게 세워야 한다. 그런 정보가 큰 자산이 된다. 그렇게 자신의 업무를 누군가에게 미룰 수 있는 전문가 그룹(pool)을 탄탄하게 만들수록 더 크고 좋은 일을 많이 할 수 있다. 스마트한 시대 덕분에 다른 사람의 능력과 실력을 엿볼 수 있는 창구들도 많이 있으니 적극 활용하자.

내 밥그릇만 지키려고 하면 결국 내가 차지할 수 있는 건 내가 손 뻗을 수 있는 한 평 남짓밖에 없다. 그러나 남의 그릇도 함께 지켜주면 내가 갈 수 있는 땅은 상상 이상일 수도 있다. 그런 남의 그릇이 많으면 많을수록 나는 더 큰 부자가 된다. 밥그릇을 보전하는 가장 좋은 방법은 내가 기여할 수 있는 밥그릇의 영역을 정확하게 알고 남의 그릇과 잘 어울리는 것이다.

**전달 포인트 27**

☑ 자연스럽게 밥그릇을 만들어야 오래가고 어색하지 않다.

☑ 내 능력과 잘 어울리는 능력자들을 많이 알아두자.

☑ 세상은 우리에게 솔로가 아닌 하모니 역량이 필요한 복잡한 과제들을 던져준다.

이끌든지 따르든지 비키든지

# CHAPTER 9

# 아픔 비키기

☑ 잘못된 전달이 낳는 것은?

☑ 낯섦을 즐길 수 있는가?

☑ 무엇을 끊어야 하는가?

# 잘못된 전달이
# 낳는 것은?

"아무것도 변하지 않을지라도 내가 변하면 모든 것이 변한다."

– 오노레 드 발자크, 프랑스 소설가

영업사원 시절 내 휴대폰은 아침부터 저녁까지 울어댔다.

"여보세요? 지금 재고 없어요? 전산 보고 팔았는데…"

"이 문자 무슨 뜻이죠? 아직 가격 안 떨어졌어요!"

영업자로서 나의 큰 두려움은 매장에서 걸려오던 전화였다. 일단 전화가 온다는 건 무언가 잘못되었다는 의미이고, 그 전화를 하는 사람이나 받는 나나 기분이 좋을 수가 없다. 이 전화는 주말이건 평일이건, 낮이건 밤이건 구분하지 않고 왔다.

주말 데이트를 할 때도 전화기를 꺼놓을 수 없었고, 벨 소리가 울리지 않아도 울리는 것 같은 환청에 시달리기까지 했다. 영업직에 종사했던 사람이라면 비슷한 경험이 있을 것이다. 거래선, 판매사원, 관계 부서까지 합쳐서 하루 평균 100통 정도 되는 전화를 받았는데, 하도 전화기를 귀에 오래 대고 있어서 귀가 다 빨개질 정도였다. 그 땐 정말 전화기 없는 세상에서 살고 싶었다. 휴대폰을 개발한 사람이 원망스럽기까지 했다.

힘들고 지친 나날이 이어지면서 나는 실제로 크게 아프기 시작했다. 어느 날 아침 눈을 떴을 때 허리가 아파서 일어날 수가 없었다. 눈앞이 깜깜하고 두려움이 엄습했다. 병원에서는 '스트레스로 인한 퇴행성 디스크'란 진단을 내렸다. 그러자 나는 모든 잘못을 회사에서 찾기 시작했다.

'나한테 일을 많이 시켜서 그런 거야.'

'하루 종일 울려대는 전화를 받느라 자세가 안 좋아진 거야.'

'늦게까지 남아서 야근해서 그런 거야.'

'그 많은 일과 전화 통화는 누가 만든 것이지? 누군가 나를 괴롭히려고 일부러 그런 것일까?'….

조금만 이성을 찾고 생각했다면 본질을 볼 수 있었을 텐데, 나는 그 원인을 파악하기까지 꽤 오랜 시간이 걸렸다.

## 스트레스 유발자

디스크 발병 후 1년간은 치료에 집중했다. 발병의 원인이 스트레스라고 하니 더 이상 스트레스를 받지 않는 방법을 찾아야 했다. 그런데 그걸 알 수가 없었다. 그냥 일을 하지 말아야 하나, 마냥 쉬어야 하나 고민만 했다. 스트레스를 전달받지 않는 방법에 대해선 어디서도 배운 적이 없었기 때문이다. 그러나 막연하게라도 스트레스가 생기는 원인을 알아야 없애는 방법도 찾을 수 있다는 생각이 들었다.

내가 가장 신경을 많이 쓰던 '전화'에 집중해서 생각해보았다. 그 많은 전화는 왜 오는 것일까? 그 사람들도 심심해서 전화하는 것은 아닐 것이다. 그 문제에 집중해서 들여다보니 전화통화를 하게 하는 원인의 50% 이상이 나에게 있었다. 그 후 한 달 동안 전화가 걸려올 때마다 원인을 적어두었다. 그러자 그들이 내게 전화를 한 이유가 크게 두 종류라는 걸 알게 되었다. 한 종류는 내가 준 가격, 프로모션 등의 정보가 정확하게 전달되지 않았기 때문에 확인하려는 사람들이었다. 그리고 일단 '사건'이 발생하면 전화부터 하고 보는 습관성을 가진 사람들이 나머지였다.

## 본질에 집중하기

그 이후에는 전화를 거는 원인을 제거하기 위한 본질적인 해결 방

이끌든지 따르든지 비키든지

안에 집중했다.

첫 번째 솔루션은 그들의 이해도를 높이는 일이었다. 기존에 프로모션을 공지하던 방법은 마케팅 부서에서 받은 엑셀 파일을 그대로 올려주고 파일 내용을 보라는 정도로만 안내했다. 문제는 여기서 발생하고 있었다. 매장에서 근무하는 판매사원들이 확인하기에는 내용도 길고 복잡해서 안 보는 경우가 더 많았던 것이다. 그러니 새로운 내용이 있어도 말로 설명해줄 때까지 기다리는 사람이 태반이었다.

그래서 공지 내용 전체를 게시하지 않고 꼭 알아야 할 것, 새롭게 시작하는 것만 리스트로 만들어서 공지했다. 애초부터 자세한 내용이 그들에게 필요한 것이 아니었다. 현장에서 필요한 것은 '팔 수 있는 것이 무엇이냐?'에 대한 간단한 답이었다. 그리고 중요한 내용은 반복적으로 SMS(단문 메시지)를 보냈다.

두 번째 솔루션은 습관성으로 전화하는 사람들의 문제를 해결하는 것이었다. 그들에게는 '대면하기'를 시도했다. 시간이 없다는 핑계로 매장 나가기를 게을리한 것도 사실이었다. 그렇다 보니 나의 정보력은 점점 현장감을 잃어가고 있었던 것이다. 습관적으로 전화하는 사람들의 마음에는 '불안감'이 크게 자리 잡고 있다. 그래서 그런 매장부터 우선적으로 방문하기 시작했다.

시간이 없다는 핑계는 곧 내가 마음이 없다는 반증이었다. 평일에 시간이 안 되면 주말에 30분 정도만 투자해도 되는 일이었다. 모든 것은 '마음먹기'에 따라 달라졌다. 판매사원들에게 문제의 성격에 따라 나에게 전화하지 않아도 해결할 수 있는 방법을 알려주며 안심시켰다.

"저도 주말엔 연애 좀 하자고요! 시집도 좀 가야죠?"라며 농담도 주고받고, 얼굴을 보며 이야기하니 전화보다 말도 잘 통하고 오해도 줄어들었다. 그러자 서서히 전화 오는 횟수가 줄어들었다. 그리고 주말이면 남자친구와 영화도 볼 수 있는 여유가 생겼다. 매일 발갛게 달궈졌던 귀도 쉴 수 있고, 휴대폰 배터리도 하루에 한 개면 충분한 시절이 도래했다. 이렇게 나의 스트레스 원인 한 가지가 해결되었다.

## 나도 모르는 내 이미지

잘못된 전달이 낳을 수 있는 또 다른 문제점은 나의 왜곡된 이미지다. 직장에서는 아무도 안 보는 것 같아도 누구나 보고 있다. 그래서 참 무서운 곳이다. 어느 날 친한 후배와 메신저로 안부를 묻고 있었다. 시시콜콜한 농담이 오가는 가운데 후배가 이런 말을 했다.

"내 옆에 있는 과장한테 선배랑 친하다고 이야기했더니, 그 독한 여자랑 친하냐며 주변 사람 다 짓밟고 일하는 차가운 사람이라고 말해서 아니라고, 재미있고 멋진 선배라고 이야기해줬어요! 잘했죠?"

메신저를 타고 온 이 말 때문에 내 직장생활 전체를 돌아보게 됐다. 더 무서운 것은 그 과장이란 사람을 내가 모른다는 것이었다. 내가 모르는 그 사람이 내 이야기를 어떻게 들었기에 그런 판단을 내리고 있는 것일까? 누군가에겐 재미있고 멋진 사람이고, 한편으로 다른 누군가에겐 피도 눈물도 없는 독하고 나쁜 사람이기도 하단 말인가? 어떻게 이런 일이 가능한 것일까?

시간을 돌려 그 옆에 있는 과장이 들었을 만한 나의 행동들을 생각해보았다. 한창 싸움닭 같은 모습으로 일할 때였다. 업무를 하면서 간혹 생기는 '화'를 세련되게 다스릴 줄 모르던, 야생마 시절이었다고나 할까. 화가 나면 얼굴이 발갛게 변하고 상사가 부당하다고 느껴질 때는 불편한 기색을 서슴없이 표현하곤 했었다. "원하는 것을 얻어내려면 끝까지 물고 늘어져라."라던 선배의 말을 융통성 없이 곧이곧대로 지키던 시절이었다.

그렇게 하니 멀리서 듣거나 보기에는 나의 다른 면보다는 '독함'만 두드러져 보였을 것이다. 나의 이미지를 잘 만들어서 전달해야 한다는 필요성을 못 느꼈고 방법도 몰랐기에 벌어진 상황이었다. 시간을 거슬러 올라가서 내가 '독하게' 보이던 모든 상황을 지울 수도 없다. 또 과거의 그 모든 상황과 행동의 결과가 오늘의 나를 있게 하는 것이기에 앞으로 나를 어떤 모습으로 전달할지 고민해야 한다는 결심이 섰다.

우리 안에는 여러 얼굴이 존재한다. 그중에서 어떤 모습을 보여줄

지는 스스로 선택할 수 있어야 한다. 그런데 그런 기술을 갖기까지는 많은 훈련과 노력이 필요하다. 내가 말하고 글로 쓰는 것만 전달되는 것이 아니라 내가 말하는 동안 함께 드러나는 말투, 표정, 행동까지도 전달된다는 것을 늘 기억해야 한다. 말의 내용보다는 기타 부수적인 요인들이 내가 의도하지 않은 상태에서 전달되어 보는 사람이 자기만의 기준으로 해석하기 때문에 문제가 된다. 따라서 되도록 그들의 해석이 나빠지지 않게 관리해야 하는 것이 직장생활을 잘하는 능력이기도 하다.

무작정 좋은 이미지를 가지려고 아무에게나 좋은 사람이 되라는 이야기는 아니다. 아무리 좋게 비치다가도 한 번 그 이미지가 무너지면 그 타격이 크기 때문에 평소 '화'를 잘 다스릴 수 있는 강한 마음을 가지는 것이 중요하다. 그래서 몸의 근육뿐 아니라 마음의 근육도 단단하게 만들 필요가 있다.


## 쓰레기통 만들기

나의 마음이 외부 공격에 흔들리지 않도록 단련시키는 일이 필요하다. 사실 일 자체의 어려움보다 사람 사이에 주고받는 말, 표정, 감정 따위가 우리를 힘들게 한다. 좋은 걸 주고받으면 서로에게 에너지가 되지만 부정적인 것은 서로에게 독이 된다. 쓰레기를 제때 버리지

이끌든지 따르든지 비키든지

않으면 썩고 냄새가 지독하게 나듯이 좋지 않은 생각, 표정, 말 등 감정 쓰레기도 제때에 버리지 않으면 내게서 감정적 악취가 나게 된다. 그래서 어떤 방식으로든 나의 감정 쓰레기를 버리는 쓰레기통이 필요하다.

스트레스를 해소하는 방법에는 여러 가지가 있다. 육체적으로 운동을 하는 사람도 있고, 신나는 음악을 듣는 사람, 잠을 자는 사람, 수다를 떠는 사람 등 자신에게 맞는 방법이 있다. 나한테 가장 잘 맞았던 방법은 그저 아무 생각 없이 허공을 바라보며 정신을 쉬게 하는 일이었다. 일명 이 '멍 때리기'도 정신운동 중 하나다.

정신운동은 어떤 하나에 집중하게 하여 다른 것을 잊게 하는 효과가 있다. 명상, 요가, 산책 등 머릿속을 비우고 정신을 맑게 하는 자기만의 운동을 발견하길 바란다. 참고로 얼마 전 서울 한복판에서 '멍 때리기 대회'가 열리기도 했다. 피로 과잉 시대에 가장 필요한 대회인지도 모르겠다.

몸의 이완운동으로 스트레칭이 있다면, 정신의 이완운동으로는 '멍 때리기'가 있다. 『멍 때려라!』의 저자 신동원 교수에 따르면 멍하게 있는 동안 뇌는 휴식을 통해 새로운 에너지를 얻고, 뇌의 DMN(default mode network)이라 불리는 부위가 활성화된다고 한다. 그 과정에서 불필요한 정보를 삭제하고 그동안의 정보와 경험을 정리하는 일을 한다. 불필요한 정보가 정리되지 않으면 정보와 경험을 지장할 공간이 축소되어 가끔 정신이 깜박깜박하는 증상이 나타난다고 한다. 뇌를 쉬게 함으로써 외부의 충격을 완화해서 받아들이는 근육을 만들 수 있다.

전달이 잘되었을 때는 눈에 보이는 효과가 크지 않을 수 있다. 그런데 잘되지 않았을 때 미치는 영향은 확연히 드러난다. 언제나 그렇듯이 일이 벌어지고 나서 수습하는 것보다는 사전에 예방을 강화하는 것이 비용 대비 효과가 크다. 경험상 잘못된 전달을 바로잡는 일은 생각보다 어렵고, 때로는 불가능한 경우도 있다. 그래서 내가 한 실수를 대리 경험 삼아 미리 준비하여 전달하기 좋은 몸과 마음을 가진 사람이 되기를 바란다.

**전달 포인트 28**

- ☑ 잘 전달되지 않는 원인은 남이 아니라 내 탓이 더 크다는 사실을 잊지 마라.
- ☑ 말과 글을 전달하는 것은 내가 조절할 수 있지만, 나도 모르게 나온 표정과 행동은 잘못된 이미지를 전달하고 있을지도 모른다.
- ☑ 좋은 전달은 본질에 집중할 때 가능하다. 무엇을 전달해야 하는지 깊게 묻고 전달하면 절반 이상의 성공을 담보할 수 있다.

# 낯섦을
# 즐길 수 있는가?

"빛이 강하면 그림자도 짙다."
- 괴테, 독일 철학자

한 오디션 프로그램 출연자가 본선 무대 합격 소식을 듣고는 "이제 클럽 못 가잖아요!"라며 아쉬워해 큰 웃음을 선사했다. 피 끓는 청춘들에게 '밤'은 열정을 쏟아내는 시간이고 그들만의 노는 공간이다. '낮'이 아닌 '밤'을 즐기는 이유는 빛이 없는 시간이 주는 알 수 없는 새로움, 예상치 못한 일이 일어날 것 같은 설렘이 있기 때문은 아닐까?

직장인이 된 이후에 밤은 더 이상 '노는' 시간이 아니었다. '쉬는' 시간이 되어갔다. 일의 반대는 '쉼'이라고 생각하고 퇴근 후 또는 휴일엔 아무것도 하지 않고 그저 쉰다. 오죽하면 '시체 놀이'라는 말도 나왔나 싶다. '시체 놀이', '장판 엑스레이 찍기', '방콕' 등 부르는 이름은 다양하나 하는 행태는 모두 같다.

아무것도 하지 않고 그저 쉬는 시간이 길어질수록 우리가 가진 '노는 능력'을 서서히 잃어가는 것이 안타깝다. 노는 능력은 누가 가르쳐주지 않아도 인간 본성에 있다. 직장에서 살아남고 성공하기 위해서는 피나게 노력하지만 정작 가지고 있던 '노는 능력'은 잃어가고 있는 것이다.

왜 그럴까? 낮에 열심히 일하면 밤에 열심히 놀고 싶지 않은 걸까? 열심히 일하는 만큼 지치기 때문인가? 아니면 반대로 열심히 일하지 않았기 때문에 열심히 놀지 않는 것일까?

나는 너무 안 놀아서 노는 능력을 잃어버렸다고 진단한다. 우리의 밤이 낮보다 아름답기 위해서는 '노는 능력'을 살리기 위한 심폐 소생술 같은 자극이 필요하다. 그 자극을 만드는 것은 경험하지 못한 이질적인 것들과의 만남에서 얻을 수 있다. 그 자극을 만드는 방법을 나누고자 한다.


## 직장인의 디톡스

요즘 몸 안에 있는 독소를 없애는 디톡스(detox)가 대세다. 그중 가

이끌든지 따르든지 비키든지

장 많이 알려진 것이 디톡스 주스다. 과일, 채소를 믹스한 다소 생소한 맛의 주스인데, 이 새로운 맛이 '아, 내가 해독을 하는구나.'라는 새로운 자극을 준다. 내가 주로 먹었던 것은 온갖 녹색 잎채소들로 만든 그린 스무디(green smoothie)였다. 이 개념을 직장생활의 자극에 연결해보려고 한다. 그린(green)은 새로움을 의미한다. 우리는 새로움을 발견하는 것이 아니라 만드는 법을 알아야 한다.

오랜 직장생활로 지친 건 체력뿐일까? 우리에겐 신체적 건강관리만 필요할까? 아니다. 일하는 직장인의 생각에도 자극을 줄 디톡스 프로그램이 필요하다. 그런데 '새로움'이란 것은 사람마다, 일마다, 상황마다 달라지는 주관적인 감정이다. "새로운 일을 하시기 바랍니다."라고 말하기는 쉽지만 행동하기는 참 어렵다. 그래서 '새로움'을 만드는 구체적이고 치밀한 방법을 설계해야 한다.

새로운 주스를 만들려면 새로운 재료를 구해야 하고 알맞은 조리법이 필요하다. 이와 마찬가지로 사람, 시간, 장소를 재료로 정하고 이를 어떻게 배합할지 단계별로 제시해본다. 무슨 이런 거창한 프로세스까지 필요하냐고 반문할 수 있지만 자연스러운 습관이 되기 전까지는 강제적인 노력이 필요하다. 그런 장치를 만들고 시작하는 것은 힘들지만 일단 시작하고 나면 알아서 돌아가게 된다.

## Who, 사람 고르기

평소에 만나지 않았던 새로운 부류의 사람들을 골라야 한다. 여기서 새로운 부류란, 알고 있던 인맥 중에서 최근 1년간 만나지 않았거나 내 인생을 통틀어 만나지 않았던 분야의 사람까지를 의미한다.

일을 하면서 바쁘고 마음의 여유가 없다는 이유로 쉽게 만날 수 있는 사람, 주변에서 늘 보는 사람만 만나고 있을지도 모른다. 나도 회사에 들어온 이후에는 주로 사무실에서만 생활해서 점차 활동하는 영역이 줄어드는 것을 느꼈다.

늘 같은 사람들을 만나서 좋은 점은 굳이 말로 표현하지 않아도 공유되는 암묵지가 커진다. 그래서 무언가를 결정할 때나 행동할 때 스트레스를 덜 받는다. 그러나 그만큼 자극이 없어서 새로운 생각을 하는 데는 전혀 도움이 되질 않는다. 나의 경우에는 사무실이라는 틀을 벗어나게 된 여러 계기가 있었는데, 그중에서도 세상에 없는 교육 프로그램을 만드는 TF 활동을 할 때가 특별히 기억난다.

그땐 새로운 사람에 집중해서 새로움을 찾으려고 했다. 일반적으로 어떤 프로젝트를 하면 그 분야에서 유명한 사람, 그 분야에서 새롭게 등장한 개념 등을 먼저 찾는 것이 일반적이다. 그래서 교육 프로그램을 만든다고 하면 '교육' 분야의 전문가들을 만나서 고민하는 게 관례다.

그런데 당시 우리 팀은 의도적으로 '교육'이란 단어를 멀리했다.

이끌든지 따르든지 비키든지

교육과는 거리가 먼 일을 하는 사람들을 찾아 다녔고, 우리와 함께 일하자며 설득했다. 그래서 만난 사람들이 게임 기획자, 데이터 디자이너, 브라질 타악기 공연팀, 트렌드 전문가, 미래 학자, 모던 아트 작가 등이었다. 그들을 만났을 때 첫 번째 반응은 '우리가 교육이랑 무슨 상관이죠?'였다. 그러나 일의 결과는 매우 탁월했다. 적어도 우리 회사에서 이전까지 한 번도 시도하지 않았던 새로운 교육 프로그램이 탄생했기 때문이다. 세상에 없던 것을 만나려면 그동안 만나지 않았던 사람들을 만나야 스파크(spark)가 일어난다는 확신을 얻은 소중한 경험이었다.

### When, 시간 확장하기

늘 같은 시간에 동일한 일을 했다면 시간을 확장해서 생각해보자. 출퇴근 시간이 일정한 직장인이라서 시간을 조절할 수 없다는 걱정은 잠시 접어두자. '진짜 일'을 하는 시간을 생각해보면 그 해답을 찾을 수 있다. 회사에 출근해서 온전히 나의 일을 하는 시간은 몇 시간일까? 일반적인 근무시간 8시간 중 아마 80%는 회의와 협의들로 난도질당한다. 이것도 변화해야 할 부분이긴 하지만 내가 컨트롤할 수 없는 영역이라면 자신만의 일을 하는 시간 개념으로만 생각하자.

낮에 주로 일한다면 밤에 일을 해보기도 하고, 월차 등을 이용해서 주중에 놀고 주말에 일할 수도 있다. 주중에 쉬면서 접하는 세상은 이전과 조금 다르게 느껴질 수도 있고, 놀기만 하던 주말에 일을 하다 보면 이상한 쾌감을 느끼기도 한다.

점심시간도 훌륭한 '시간'이다. 점심은 산업화 시대의 산물이라고 한다. 원래 인간은 점심을 먹지 않았다고 한다. 그런데 공장에서 육체노동을 하다 보니 식사시간이 필요해졌고, 노동자들이 배고플 때마다 밥을 먹으면 생산에 문제가 생기므로 일괄적으로 밥 먹는 시간을 만들어놓은 게 점심이 되었다는 것이다.

점심(點心)은 마음에 점을 찍는다는 말이다. 중국 사람들은 출출할 때 가볍게 먹는 간식을 점심이라고 한다. 꼭 점심시간에 밥을 먹을 필요는 없다. 허기를 느끼지 않을 정도로 가볍게 간식을 먹어도 된다. 그리고 그 시간에 다른 것을 할 수 있다. 밥 대신 마음에 '다른 점'을 하나 찍어보는 것은 어떨까? 이렇게 하면 일하는 시간을 평일, 주말, 밤, 점심 등으로 확장할 수 있다.

### Where, 장소 바꾸기

일하는 장소도 일의 종류에 따라 다르게 해보자. 생각하는 일, 기획하는 일, 협의하는 일에 따라 갈 수 있는 나만의 장소 리스트가 있으면 더 좋다. 또 색다른 장소에 가보는 것만으로도 머릿속이 환기되는 경우도 있으니 한 달에 한 번은 자극을 줄 수 있는 새로운 장소(전시회, 카페, 문화 공간, 공연 등)에 가보는 것이 좋다.

'생각하는 일', 즉 발상을 하기 위한 장소를 예로 들어보자. 누구나 동감하리라 생각되는데, 사무실에서 깊이 생각하는 사람은 드물다. 무언가를 발상하기엔 적합하지 않은 장소다. 일 좀 하려고 하면 누군가 찾고, 조금 더 깊게 고민하려고 하면 회의가 소집된다. 깊은 생각이 일어나기 힘든 공간이다.

아이디어가 잘 떠오르기 위해서는 장시간이 아니라 짧게 몰입하는 '순간'이 필요하다. 우리가 잘 아는 뉴턴의 사과도 그런 몰입의 결과다. 평소에 만유인력에 대해 고민하던 뉴턴은 머리가 아파서 사과나무 밑에서 휴식을 취하던 중 사과가 떨어지는 것에 자극을 받고 중력에 대해 깨달았다고 한다. 뉴턴이 사과나무가 아니라 오렌지 나무 밑에서 휴식을 취했다면 아마 뉴턴의 오렌지로 이름 붙여졌을 것이다.

새로운 장소는 이런 효과가 있다. 몰입하던 순간을 딱 끊고 무릎을 치는 무언가를 던져줄 수 있는 힘이 있다. 사무실에서 머리를 싸매며 고민하는 문제가 있다면 다른 장소에서 고민하고 일하면서 새로움을 느껴보도록 하자.

목욕탕, 화장실, 도서관, 커피숍, 공원 등 나의 머리를 환기하며 발상이 가능한 공간을 확보하자. 내게 있어 발상의 공간은 주로 커피숍, 공원이었다. 일이 잘 풀리지 않으면 사람이 많은 커피숍 중간에 앉아서 일을 하기 시작한다. 처음엔 사람들의 소음에 집중이 안 되다가 어느새 아무것도 들리지 않고 일에 몰두하는 자신을 발견하게 되고 점점 일에 능률이 오르기 시작한다. 왜 그럴까? 몰입하는 순간에 답이 나오는 것이 아니라 고민하던 문제에서 조금 떨어지는 틈이 생겼을 때 문제가 풀리기 때문이다.


### '새로움'을 만드는 황금비율 디톡스

새로움을 만드는 나만의 원칙을 정하고 알맞은 계획을 세우자. 같은 재료라도 배합 비율에 따라 맛이 달라진다. 내가 좋아하고 즐길 수 있는 황금비율을 찾는 것이 중요한데, 몇 번 시도해보면 그 지점을 알 수 있다. 처음부터 너무 무리하게 계획하면 부담스럽고 실천하기 어려우니 조금씩 늘려가는 것이 좋다.

삶의 새로움을 만드는 것이 습관처럼 되려면 큰맘을 먹어야 한다. 시작부터 자연스럽게 되기를 기대하지 말고 인위적으로 계획을 세우는 것을 추천한다. 계획을 세우는 것 자체가 이미 새롭고 재미있을 것이다.

예를 들면, 이번 달 나의 목표를 세 가지 정도 정했다고 가정하자.

- Lunch buddy: 같은 사람과 연속 2번 이상 점심 먹지 않기

- Night working: 평일 낮에 놀고 밤에 일해보기

- Wonderland: 한 번도 가지 않은 곳에 가보기

세 가지 목표를 정해놓고 일주일 간격으로 실행에 옮겨보자. '낯설게 하기'는 무언가를 더 하라는 이야기가 아니다. 하던 일을 하되 낯선 느낌으로 만들어보라는 것이다. 같은 사람과 밥을 먹었다면 다른 사람으로 바꾸어보고, 같은 일을 다른 시간에 해보고, 늘 하던 일을 다른 장소에서 해보도록 하자. 이 인위적인 장치가 작지만 큰 변화를 가져올 수 있다.

**전달 포인트 29**

☑ 일을 즐기면 노는 것이 되고, 노는 능력은 곧 노력이다.

☑ 익숙한 것에 익숙해지면 새로운 것은 안 보인다.

☑ 피곤한 이유는 일이 많아서가 아니라 일을 즐기지 못해서다. 남들이 보지 못한 것을 발견하는 재미를 느끼다 보면 오늘이 더 짜릿하고 내일을 더 살 수 있는 에너지가 생긴다.

# 무엇을
# 끊어야 하는가?

"지나치게 활달한 마음은 결코 마음이 아니다."
– 시어도어 로스케, 미국 시인

얼마 전 인상 깊게 읽은 신문사설이 있다. '주변에 열심히 일하는 사람이 있다면 말리라.'라는 제목이었는데, 왜 그런지 호기심이 생겼다. 사설을 쓴 사람의 지인이 45세 젊은 나이에 세상을 떠났는데 그건 바로 '과로' 때문이었다고 한다. 지인이 SNS에 올렸다는 이 글이 가슴을 먹먹하게 했다.

두 아이들에게도 늘 다정했을 것이라고 생각하나, 슬프게도 함께 보낸 시간이 많았을 것이라는 생각은 들지 않습니다. 이런 사람 중에는 스스로를 챙기지 못하는 경우가 많아서, 주위에서 챙겨야 합니다. 만약 가까이 있는 사람이 스스로를 돌보지 않고 업무에 매진하면 격려하기보다 우려를 해야 하고, 다독거리기보다 말려야 한다는 것을 다시 한 번 절실히 통감했습니다. 그러지 못한 잘못을 인정합니다.

그러나 내 주변에도 그런 경우가 심심치 않게 있고 열심히 일하는 선배에게 "그러다 죽어요!"라고 농담하는 것도 익숙하다. 갑자기 무서운 생각이 들었다. '그래, 정말 이러다 죽을 수 있다!'

이 사설을 주변 사람들에게 보여주면서 남 일 같지 않다는 대화를 나누다가 '일하고 난 후에는 왜 아픈 것일까?'에 대해 심도 깊은 토론이 이어졌다. 서로 자신의 증상에 대해 자랑스럽게 말하기 시작했다. 만성 위염, 비만, 신경성 두통, 고혈압, 각종 디스크 등 이런 질병은 하나둘씩 가지고 있다며 이를 대수롭지 않게 여겼다. 마치 일을 열심히 하면 얻게 되는 훈장처럼 오늘은 어디가 아프다고 이야기한다. 왜 일은 아프도록 해야 하는 것일까? 꼭 미치고 아파야 일을 잘하는 것일까?

## 스트레스 유발자

직장에서 자신의 생각과 일을 제대로 전달해야 성공에 가까워지는 것은 당연하다. 그러나 꼭 모든 걸 전달할 필요는 없다. 건강한 직장생활을 위해 전달하지 말아야 할 유일한 것이 있다면 그것은 바로 스트레스다. 확실한 건 스트레스는 정확한 실체가 없다. 그런데 우리는 일이 잘 해결되지 않거나 힘이 들면 모든 탓을 스트레스로 돌린다. 술을 마시는 것도, 휴일에 잠만 자는 것도, 늘 피곤한 것도 이 보이지도 않는 스트레스 때문이라고 핑계를 댄다. 그것 때문에 힘들고, 그것 때문에 아파하고, 심하게는 그것 때문에 병을 얻기도 한다. 왜 실체도 없는, 내 마음이 만들어낸 상대와 싸우고 있는 것일까? 이것 때문에 아프기까지 한다면 너무 자존심 상하는 일이다.

더 심각한 일은 나만 이 싸움에 해당되는 것이 아니라 주변 사람까지 그 영향을 받게 한다는 것이다. 회사에서 받은 스트레스를 집에서 푸는 사람들이 많다. 안 좋은 일이 있는 날엔 집에까지 그 기분을 가지고 간다. 그리곤 가장 가까운 상대에게 짜증을 낸다. 그런 일이 반복되면 자연스러운 일상이 되어가고, 바로 나 자신의 가족에게 스트레스를 유발하는 사람이 된다.

얼마 전 지인이 보여준 가족 그림에서 그 부작용을 한눈에 확인할 수 있었다. 초등학교 3학년 아이가 그린 가족 그림에서 활짝 웃는 다른 가족들과 달리 아빠만 화가 난 모습이었다. 눈은 쭉 찢어지고, 입꼬리는 아래로 내려가고, 피부는 빨갛게 상기되어 있다. 손에 맥주 캔이 들려 있고, 말풍선 안에는 '캬아!'라고 쓰여 있다. 그림의 주인공은 아들의 그림 솜씨가 앤디 워홀 수준의 모던 아트 작품이라며 농담을 했지만 좀 더 생각하면 참 슬픈 그림이었다.

왜 아빠를 그렇게 그렸냐고 묻자 아빠는 늘 화가 나 있고 밤에 와서 늘 술을 먹어서 그렇게 그린다고 한다. 그 그림을 본 지인은 자신의 생활을 다시 돌아보게 되었다며, 이후로는 술을 덜 마시려고 노력하지만 스트레스 때문에 자꾸 먹게 된다며 한숨을 쉬었다. 저녁이 없는 삶을 살고 있는 대한민국 아빠들의 대표적인 모습일지도 모른다.

한 사람이 가져오는 스트레스는 다양한 방법으로 무방비 상태의 가족들에게 전달된다. 웃지 않거나, 이유 없이 짜증을 내거나, 말을 하지 않거나, 늦게 들어가서 함께 시간을 보내지 않는 것 등, 이 모두가 '내'가 가족들의 스트레스 유발자가 되는 방법이다. 정말 슬픈 일 아닌가!

나 자신은 물론 가족을 위해서도 스트레스 전달을 끊어야 한다. 끊는 방법으로 화를 내거나 조직을 떠나는 극단적인 방법을 택하지 않길 바란다. 이건 스트레스를 안 받는 근본적인 해결책이 아니다. 오히려 화에 화로 대응하면 그 화는 몇 배가 되어 되돌아와서 나를 더 괴롭힌다. 지뢰밭에선 발밑의 지뢰를 피해도 다음 지뢰가 또 나타나는 것처럼 말이다.

## 스트레스 절연체

스트레스 전달을 끊는 가장 좋은 방법은 내가 스트레스를 전달하지 않는 상태가 되는 것이다. 전기나 열을 전하지 않는 절연체(絕緣體)처럼 스트레스가 전달되지 않는 '스트레스 절연체'가 되는 것이다. 스트레스가 유발되는 원인을 제거하기 위해 노력해보고 외부의 충격에도 흔들리지 않는 마음 근육을 가질 수 있도록 단련하는 것이 중요하다.

내가 선택했던 방법은 말 그대로 정신운동(mind exercise)이었다. 어느 날 갑자기 일어나지 못할 정도의 고통을 느끼며 시작된 '디스크'와의 싸움을 겪으며 터득한 방법이다.

그날도 어김없이 야근을 하고 집으로 갔고, 다음 날 아침에 거짓말처럼 일어나질 못했다. 그렇게 꼬박 일 년을 허리와 싸움을 했다. 각종 병원과 치료법을 동원해보았지만 나는 30분 이상을 앉아 있지 못했다.

6개월 정도 병원치료를 해도 호전되지 않자 뭔가 다른 방법이 필요하다는 생각이 들었다. 그래서 시작한 것이 '108배' 운동이었다. 매일 아침과 저녁에 아무 생각 없이 절을 하기 시작했다. 그러다가 절하기에 집중하기 시작하면서 그날 일어났던 일들을 복기하게 되었다. 슬펐던 일, 짜증났던 일들이 한 번씩 떠오르고 마치 영화 속 남의 이야기처럼 스쳐 지나갔다. 그런데 거짓말처럼 신기하게도 절을 하고 나자 마음이 개운해지기 시작했다.

　그렇게 6개월이 지났고 절 운동 덕분인지 허리가 좋아지고 마음도 조금 편해졌다. 그러면서 한 가지 깨달은 것은 모든 것은 마음에서 오는 병이란 사실이다. 내가 그동안 쌓아놓은 감정의 쓰레기들을 제대로 처리하지 못해서 막혀버린 곳이 허리였던 것이다. 아픈 만큼 성숙한다고 했던가? 진정 아프고 나니 아픈 곳을 돌아볼 여유가 생겼다. 그러나 아프고 나서 이런 것을 깨달으면 너무 늦다. 아프기 전에 예방해야 한다. 그렇지 않으면 다음엔 더 큰 아픔이 올지도 모른다.

　어디 한 군데는 아파야 직장생활을 잘하는 것이 아니다. 건강하고 행복하게 일하는 사람이 많아야 조직도 건강하고 더 성공할 수 있다는 것을 모두가 알았으면 좋겠다. 우리 아프지 말자.

**전달 포인트 30**

☑ 아프다면 아프다고 소리쳐야 한다. 밖으로 내버리지 않으면 내 속이 썩는다.

☑ 나쁜 감정은 밥상머리로 옮기지 마라. 위로받는 것과 집에 가서 인상을 찌푸리는 건 다른 이야기다. 내가 그들의 또 다른 스트레스가 될 뿐이다.

☑ 감정 쓰레기를 만드는 원인 제공자를 변화시키려고 하지 마라. 시간도 오래 걸리고 성공 확률도 희박하다. 내가 잘 버리는 훈련만 되어 있다면 어떤 감정 쓰레기를 만나도 두렵지 않다.

# 나의 직장생활은 건강한가?

우연한 기회에 디톡싱(해독) 프로그램에 참가했다. 처음에는 다이어트를 목적으로 시작했는데, 프로그램을 진행하면서 예기치 않은 깨달음을 얻었다. 우리는 흔히 건강을 위한다고 하면서 더 좋은 음식, 색다른 비타민, 보약을 내 몸에 더하기만 한다. 그러나 이 간단한 질문을 해보진 않는다. '내 몸은 받아들일 준비가 되어 있는가?' 준비되어 있지 않은 몸에 아무리 좋은 걸 줘도 흡수하지 않으면 그만이다. 그래서 가장 중요한 것은 그 좋은 것들이 제 기능을 할 수 있도록 깨끗한 몸 상태를 만드는 것, 즉 독소를 빼는 것이다.

그때 내 머릿속에서 순간 '번개'가 쳤다. '내 삶도 같은 상태가 아닐까?' 스트레스를 꾸역꾸역 쌓아놓고, 그 스트레스를 해소하겠다며 운동을 더하고, 공부를 더하고, 계속 무언가를 더하기만 하려고 했던 것 같다. 일을 하며 산다는 것이 먹고사는 수단이 됨과 동시에 직장과 업무에 독이 쌓이고 있지는 않은가.

내 삶의 8할 이상을 차지하고 있는 직장생활에도 건강관리가 필요하다. 먼저 그동안 쌓인 독소를 제거해야 한다. 내가 선택한 해독 방법은 바로 책을 쓰기로 결심한 일이었다. 내 안에 쌓여 있는 것들을 다시 바라보고 의미 있는 것과 버릴 것들을 찾는 동안 자연스럽게 해독작용이 일어나고 있었다.

직장생활을 실패하려고 계획하는 사람은 아무도 없다. 그러나 너무 열심히 달려서 결승선에 도착했는데 몸과 마음이 모두 망가져버린 경우는 주위에서 쉽게 목격할 수 있다. 힘들게 얻은 소중한 성공이 건강을 잃어버린 반쪽짜리라면 너무 허무한 일이다. 만약 무언가를 시작하려고 하는 동력을 잃었거나 잠시 길이 안 보여 답답한 마음이 더 크다면 자신만의 해독 프로젝트를 가동하라고 권하고 싶다. 중요한 것은 '더하기'가 아니라 '버리기'다.

불교에 '찰시(察施)'라는 말이 있다. 굳이 묻지 않고 상대의 마음을 헤아려 알아서 도와준다는 의미다. 이 책이 누군가에게 그런 도움을 줄 수 있는 보시 역할을 한다면 그 하나만으로 족하다.

# 부록

# '이따비' 완전 정복 워크숍

# 우리가 겪는 3명

이끄는
따르는
비키는

---

# 직장인

# 그들은 누구일까? ─────────

———— WHO?

직장인

우리나라 경제활동인구의

# 72 %

평균 취업준비 기간(남자 대학생 기준)

# 9년 3개월

직장에서의
시간

# 100세 시대와 반대로 빨라지는 퇴직 나이

**48세**

퇴직 나이

**80세**

신체 수명

성공할 확률

# 사원에서 임원이 될 확률(대한민국 대기업 평균)

0.8%

# 직장인에 대한
# 생.각.변.화.

—— ¿WHO?

누구나

언제나

성공은

잘 되진 않는다 vs **될 수 있다**

회사는 변화한다 vs **사람은 성장한다**

운이다 vs **실력이다**

# 직장에서 먹히는
## 성공기술

— WHAT?

성공기술의 핵심은
**전달**

 단순한 배달이 아니다.
관계만 잘해서 되는 것도 아니다.

 **결과**를 바꾸는 **실력**이다.

전달

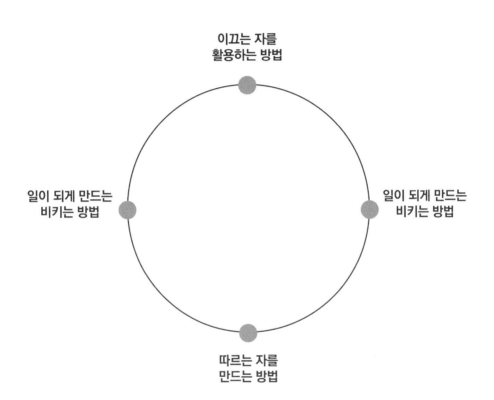

# 어떻게
# 써먹을 것인가?

———HOW?

이끄는 자
활용법

# 상사의 파워

피할 수 없다면
내 것으로 만들자!

# 연인과 상사의
# 평행이론

서로 다른 시대를 사는 두 사람의 운명이
같은 패턴으로 전개될 수 있다.

● ● ●

# 나와
# 이끄는 자의
# 차이

• • •

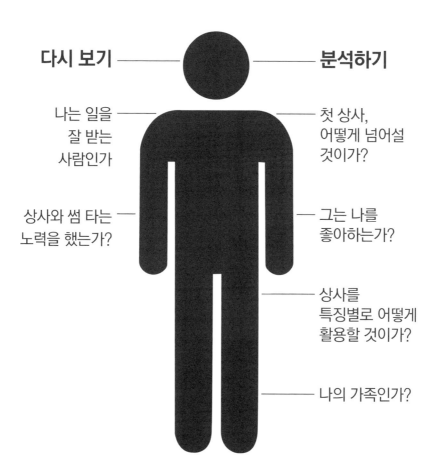

다시 보기 ——— 분석하기

나는 일을 ——— 잘 받는 사람인가

첫 상사, 어떻게 넘어설 것이가?

상사와 썸 타는 ——— 노력을 했는가?

그는 나를 좋아하는가?

상사를 특징별로 어떻게 활용할 것이가?

나의 가족인가?

# 이끄는 자와
# 일하기

# 보고의 경쟁력을 높이는 4가지

따르는 자
만들기

# 후배의 마음

시키는 것이 아니라
함께한다고
믿게 하라!

# 따르는 자의
# 마음 얻기

# 일을 주는 마음 자세

선배가 아니라
사수가 되는 것이
시작

후배 울렁증
극복하기

줄 것:
피드백, 큰 그림

주지 말아야 할 것:
화, 막대한 책임 등

# 따르는 자를
# 키워주기

# MASTER PLAN

불필요한
갈등을
비키는 법

# 일 잘하는 지혜

갈등을 비키면
성과가 빛난다

# 실수 비키기

● ○ ○

# 일할 때 필요한 능력

# 오해 비키기

● ● ●

# 도와주는 사람들

# 아픔 비키기

# 아프지 말고 일하기

## 낯섦
익숙한 것들과
빨리 이별하기

## 끈기
스트레스
절연체가 되기

# 제대로 전달하면 ─────────

# 선택받는 삶에서 ─────────

결과를 바꿀 수 있다

결정하는 삶으로

# 이끌든지 따르든지 비키든지

| | |
|---|---|
| 펴낸날 | 초판 1쇄 2015년 5월 1일 |
| | 초판 3쇄 2023년 3월 9일 |
| 지은이 | 송미영 |
| 펴낸이 | 심만수 |
| 펴낸곳 | (주)살림출판사 |
| 출판등록 | 1989년 11월 1일 제9-210호 |
| 주소 | 경기도 파주시 광인사길 30 |
| 전화 | 031-955-1350    팩스 031-624-1356 |
| 홈페이지 | http://www.sallimbooks.com |
| 이메일 | book@sallimbooks.com |
| ISBN | 978-89-522-3121-5   03320 |